数字化生活
新趋势

首席视频官

5G时代的短视频布局与营销革命

刘庆振　张晨霞◎著

電子工業出版社
Publishing House of Electronics Industry
北京 · BEIJING

图书在版编目（CIP）数据

首席视频官：5G时代的短视频布局与营销革命 / 刘庆振，张晨霞著. —北京：电子工业出版社，2020.1
（数字化生活. 新趋势）
ISBN 978-7-121-37453-1

Ⅰ. ①首… Ⅱ. ①刘… ②张… Ⅲ. ①网络营销 Ⅳ. ①F713.365.2

中国版本图书馆CIP数据核字（2019）第209102号

责任编辑：周　林
印　　刷：三河市华成印务有限公司
装　　订：三河市华成印务有限公司
出版发行：电子工业出版社
　　　　　北京市海淀区万寿路173信箱　　邮编：100036
开　　本：720×1 000　1/16　印张：14　　字数：179.2千字
版　　次：2020年1月第1版
印　　次：2020年1月第1次印刷
定　　价：60.00元

凡所购买电子工业出版社图书有缺损问题，请向购买书店调换。若书店售缺，请与本社发行部联系，联系及邮购电话：（010）88254888，88258888。

质量投诉请发邮件至zlts@phei.com.cn，盗版侵权举报请发邮件至dbqq@phei.com.cn。

本书咨询联系方式：25305573（QQ）。

目录

CONTENTS

←

第1章 5G重构产业、娱乐与营销

第2章 你的企业需要一个首席视频官

第3章 短视频成为企业营销的标配

第6章 内容驱动+数据赋能+场景匹配

第7章 长、中、短结合，升级视频营销生态圈

CVO

第1章

5G 重构产业、娱乐与营销

技术给世界所带来的变革力量，似乎永远都会超出我们的想象。而 5G 给我们的经济、文化和生活所带来的前所未有的影响，将不仅仅止于它作为一次通信技术的简单升级，更关键的还在于它是一场商业生态的全面重塑。

事实上，从智能手机到智能家居，从远程医疗到无人驾驶，从移动购物到全息娱乐，今天及未来我们每个人所享受到的更加高效、即时、轻松、便捷和安全的现代化生活，都是建立在高速连接和实时在线的网络基础之上的。5G 正是这样一种技术。

在正式探讨 5G 革命之前，让我们简单回顾一下移动通信简史，如图 1–1 所示，这有助于我们更深刻地理解为什么 5G 将会是一场影响深远的革命。

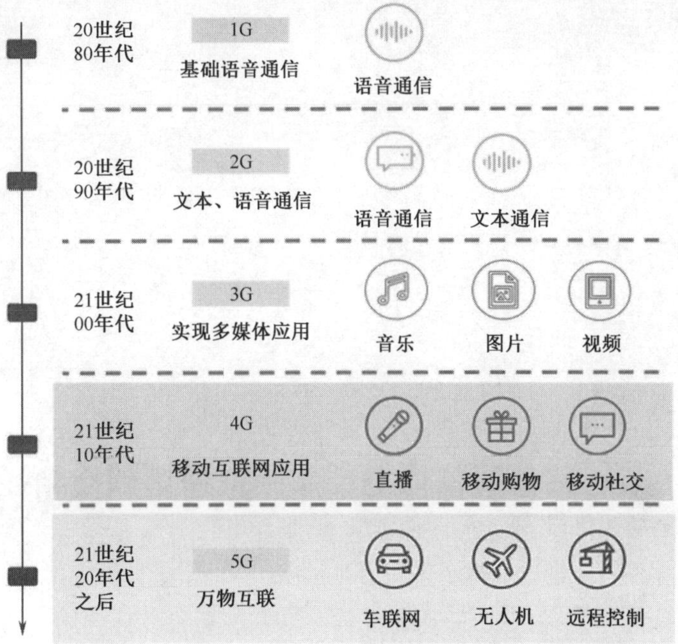

图 1-1　1G ~ 5G 的发展简史

资料来源：德勤报告《5G 重塑行业应用》

第 1 节　移动通信简史：从模拟通话到视频社交

1G 时代，是模拟手机横空出世的时代

1973 年 4 月 3 日是一个具有创世纪意义的日子，已经创立 45 周年的摩托罗拉公司研发成功了全球第一部民用的移动模拟电话。

它的研发者之一马丁·库伯，自豪地拿着它站在美国纽约街头，带着炫耀和讽刺的口吻给竞争对手美国电话电报公司（AT&T）打了个电话：我现在用的可是真正的手提电话与你们通话哦……

这次通话也被认为是世界上第一次通过手机进行的对话，它实现了全人类远距离无线通话的梦想。

在此之前，在美苏两大阵营对立的冷战年代，当时的无线通信技术仍然主要被应用在国防工业和航天工业上，有着强烈的军方色彩，如图 1-2 所示。

图 1–2 第二次世界大战时期的战地移动通信电话
摩托罗拉 SCR–300，重 16 千克

而在此之后，经过耗资 1 亿美元、长达 10 年的研发，1983 年，摩托罗拉第一款、同时也是全球最早的手机 DynaTAC 8000X 高调上市，这就是后来我们在好莱坞大片和中国香港电影中经常看到的大哥大的“鼻祖”。

但这部手机最典型的特征就是既大又贵且重，如图 1–3 所示，它的外观有两块砖头那么大，重量约 910 克（也就是 1.8 斤左右），在当时的售价为 3995 美元，其价格在国内曾经被炒到五六万元。

更严重的问题在于，它需要 10 小时才能充满电，而续航能力只有半小时。而且，模拟手机通信还有语音品质低、信号不稳定、传输无加密、覆盖范围不够全面等缺点。

这些特征都使得 1G 时代的移动手机应用仅停留在拥有巨额财富和社会地位的少数人范围内，普通人数十年的工作收入甚至都不足以购买一部大哥大。

图 1-3　1983 年摩托罗拉正式推出的第一款手机 DynaTAC 8000X

四年后的 1987 年，摩托罗拉 3200 问世，这款手机对上述问题进行了大幅度的改进，并正式进入了中国市场。

此后，全球范围内的通信格局、产业格局和经济格局开始发生翻天覆地的变化。也正因如此，摩托罗拉毫无悬念地成了 1G 时代的全球霸主，并在 1989 年被评选为世界上最具前瞻力的公司。

2G 时代，是数字通话快速崛起的时代

从 20 世纪 90 年代开始，移动通信逐渐从模拟信号向模拟网络过渡，基于数字模式的通信技术获得了充足的发展，诺基亚、爱立信和摩托罗拉逐渐形成了三足鼎立的竞争格局。

同时，2G时代也是移动通信标准争夺战的开始，在激烈的全球移动通信市场竞争格局之下，GMS脱颖而出，成为被使用最广泛的移动通信制式。

普通用户或许会问：通信标准之争与我何干？

事实上，无论对于欧美国家还是对于中国、日本、韩国，通信产业都是一个国家的战略性产业，通信标准之争背后的本质是国家之间、联盟之间的综合实力竞争，一旦丧失标准的制定权或者参与权，你就要向别人持续缴纳高昂的专利费。“羊毛出在羊身上”，这与我们每个用户息息相关。

更重要的事情还在于，随着移动通信成为经济、社会和文化等诸多方面的发展基础，丧失通信标准主动权的一方，在本国的产业经济发展方面也将大大地受制于人。因此，从2G开始至今，全球通信标准的争夺战愈演愈烈。

争夺战加剧还有另外一个原因，那就是，也恰恰是从2G时代开始，随着手机硬件价格和通信费用逐渐降低，移动通信用户逐渐从少数精英群体迅速扩散到更大范围的普通用户。

相比1G模拟信号，2G通信技术利用更多的无线频谱和数字加密手段，使得其语音质量和信息安全都发生了质的飞跃，在网络能够覆盖到的任何地方，用户都不再需要一边找信号一边打电话了。

除了通话功能，2G最大的变化也是最突出的特点，就在于其新增的数据传输和无线上网功能。虽然数据传输速度只有9.6～14.4kb/s，但它促成了短信生态的繁荣和WAP网页技术的发展。据统计，仅仅在2007年春节，全国就发送了超过150亿条短信。

此外，拍照、音乐、游戏等功能的增加也使得手机逐渐从语音通信工具向休闲娱乐工具演进。

3G 时代，是智能手机变革市场的时代

事实上，业内大量企业和从业者从 2000 年开始就在呼唤 3G，虽然在此之前 2G 技术已经能够实现比较慢速的网络连接，但缓慢的速度根本无法为用户提供流畅、丰富和舒适的网络体验。

我依然清楚地记得自己第一次利用手机上网的情形，仅仅打开一个普通的页面就足足花了 10 分钟时间。所以在有的学者把手机称为"第五媒体"的时候，招来了广泛的嘲讽和争论，因为 2G 时代的手机，完全无法像今天这样淋漓尽致地表现出它卓绝的媒体功能和极高的娱乐价值。

如果你还记得 2007 年苹果公司发布的第一代 iPhone 的话，那么你一定知道彼时就连这部被乔布斯声称为"重新发明了手机"（re-invent the phone）的手机，也根本未得到 3G 网络的支持。

根本性转变发生在 2008 年，苹果公司的 iPhone 3G 上市后，谷歌也很快正式发布了更适合移动互联网使用的 Android 系统。

那一年北京奥运会在全球瞩目下被成功举办，整个北京城的地铁广告、公交车广告和户外广告除了具有标志性意义的奥运五环 Logo，最多的就是"超大屏幕、超薄机身、设计时尚"的 3G 智能手机广告。

当手机从 2G 时代的小屏幕摇身一变成为 3G 时代的大屏幕之后，它便真正完全具备了作为一种能够提供大量图片、影音、游戏和更多社交、

生活、工作和经济功能的多媒体终端。芬兰一家名为 Rovio 的公司 2009 年开发的“愤怒的小鸟”游戏，正是在 3G 浪潮之下一炮走红并长期占据苹果应用商店下载榜首的，如图 1-4 所示。

图 1-4 “愤怒的小鸟”游戏加载页面

更宽的带宽、更快的速度、更多的应用及具备一定清晰度的视频通话……这一切都始于 3G 时代。从这个角度来讲，与其说是苹果重新发明了手机，不如说是 3G 技术赋予了手机更大的想象空间。因为在这时候，万事俱备，只差一部智能手机了，时代选择了苹果和乔布斯。

4G 时代，是移动视频大行其道的时代

近几年来，随着智能手机普及带来的人口红利爆发及不同场景之下的创新应用涌现，4G 网络下的移动互联网产业已经真正展现出了它

的价值。

4G 集 3G 与 WLAN 于一体，它能够传输高质量的视频图像，其清晰度与高清电视画面不相上下。

更重要的是，它的传输速度非常快：20Mb/s 的上传速度和 100Mb/s 的下载速度，使得用户可以直接通过智能手机比较流畅地观看视频内容了，从而推动了移动通信市场的信息流从以图文为主演进到了以影音为主。

这种变化是当前每个用户都能感同身受的，曾经高度依赖个人电脑追剧的年代已经一去不复返了，那些从来没有购买过电脑的乡村用户也跃过 PC 互联网阶段，直接进入了移动互联网时代。每个人都可以通过清晰的微信视频电话与远隔千山万水的亲友即时通信，几乎每台智能手机上都安装着优酷、爱奇艺、抖音、快手等各种视频类的应用工具。

根据国内移动互联网大数据公司 QuestMobile 发布的数据，2019 年 2 月爱奇艺 App 以 5.55 亿人次在移动在线视频领域排名第一，腾讯视频 App、优酷 App 分别以 5.29 亿人次和 4.30 亿人次位列第二和第三。爱奇艺 App 的日均被使用次数高达 10.96 亿次，是唯一的日均被使用次数突破 10 亿次的移动在线视频 App；腾讯视频 App 的日均被使用次数为 8.51 亿次，优酷 App 的日均被使用次数为 7.19 亿次。

从月被使用时长来看，2019 年 2 月，爱奇艺 App 月被使用时长为 37.34 亿小时，较第二名腾讯视频 App 高出 30%。腾讯视频 App 以 28.68 亿小时的月被使用时长排名第二，优酷 App 以 23.06 亿小时排名第三，哔哩哔哩 App 与芒果 TV App 分别以 10.90 亿小时与 8.21 亿小时排名第四和第五。

在短视频方面，iiMedia Research（艾媒咨询）的数据则显示，2018 年中国短视频用户规模达 5.01 亿人，处于短视频平台第一梯队的抖音和快手用户活跃数量维持在 2 亿左右，位居其后的西瓜视频和火山小视频用户活跃数量分别约为 6700 万和 5000 万。

越来越多的数据表明，无论从用户规模、消费形态方面，还是从活跃水平、停留时长方面，视频产品的生产和消费已经成为 4G 移动互联网时代业态中最重要的业态之一。

第 2 节　5G 时代：新的应用场景，新的商业逻辑

1G 时代，基本是用大哥大打电话。2G 时代，用诺基亚“砖头”机发短信和打电话。3G 时代，用苹果、三星手机上网、听音乐。4G 时代，当具备了 100Mb/s 的速度时，视频行业获得了长足的发展。

通过回顾过去我们发现，在 5G 之前，无论是技术人员还是普通用户，都将更多的关注重心放在了通话质量和传输速度难题上面。但 5G 之后，我们将会把关注的重心放在如图 1–5 所示的应用层。

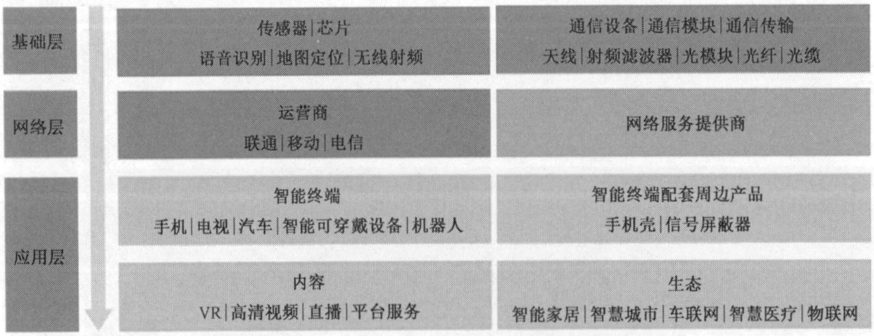

图 1–5　5G 技术基础层、网络层和应用层

资料来源：宜信《科技产业趋势报告 2020》

5G 时代最大的变化体现在网络架构将发生根本性的变革，物联网技术和移动互联网技术将在底层架构方面有机融合，从而催生出包括增强移动宽带（eMBB）、海量机器类通信（mMTC），以及超高可靠超低时延通信（uRLLC）在内的三大典型应用场景，如图 1-6 所示。

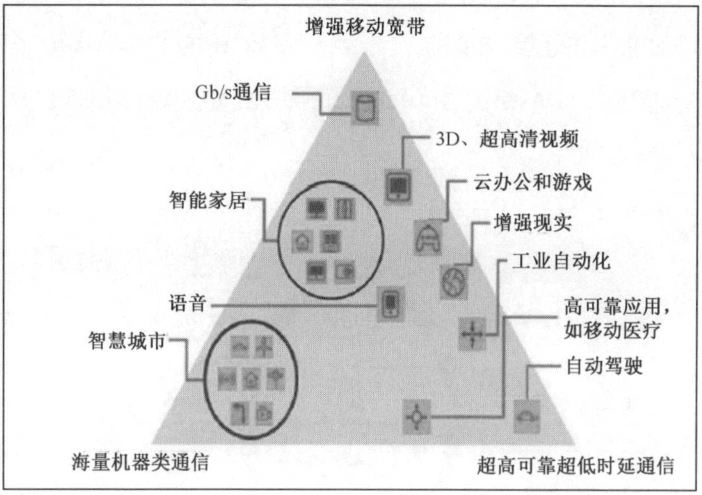

图 1-6　5G 技术的三大典型应用场景

5G 技术的三大特征

5G 技术具有超高速率、超大连接、超低时延三大特性。

每次提到上述三大典型应用场景或三大特性的时候，我都会注意观察人们的反应，大多数人其实还是一脸茫然，他们的表情好像是在问：这都是技术人员的事情，跟我的生意或者生活，又有什么关系呢？

下面举几个简单的生活实例来说明这三大典型应用场景。

1. 增强移动宽带（eMBB）

顾名思义，增强移动宽带主要是指大流量移动宽带业务，说得再直白一些，就是更快的上传、下载速度。

更快？快到什么程度？比较一下就一目了然了。如图 1–7 所示，5G 网络的峰值速率可达到 20Gb/s，下载一部 8GB 的电影只需要 6 秒；而相比这个速度，4G 网络的 100Mb/s 简直就是龟速，即便是“开了挂”也要七八分钟。

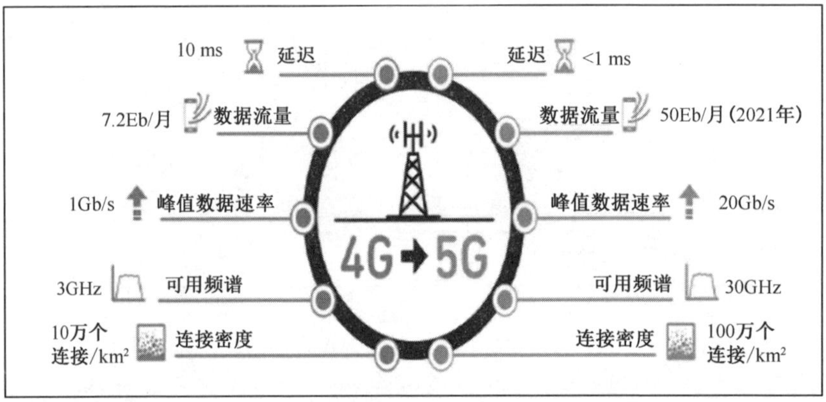

图 1–7　5G 与 4G 的比较

2. 海量机器类通信（mMTC）

5G 的出现将使今天的移动互联网发展为未来的超级物联网，手机、计算机、电视机、电冰箱、洗衣机、空调、汽车……你身边越来越多的设备开始以为你提供更人性化和个性化的服务为目标连接起来。

而且，它们之间会相互“通话”：移动互联网是将计算机和手机等设备接入网络，而这些设备背后由人操控，从而实现了人与人之间的通信；超级物联网则是将所有能接入网络的东西都接入网络，实现机器与机器之间的通信，而它们之间进行通信的目的则是为人服务。

比如，炎热的夏天，你工作了一天后下班开车回家，在还有 15 分钟就要到家的时候，你的汽车就会自动地“通知”客厅空调启动起来，把温度迅速降到 25℃左右；它还会“通知”电视机，准备好《都挺好》这部电视剧的资源，把它调到你前一天暂停的第 26 集第 17 分钟的位置。

3. 超高可靠超低时延通信（uRLLC）

超低时延会低到什么程度呢？直观地比较一下：3G 的响应时间为 500ms，4G 的响应时间为 10ms，5G 要达到的响应时间则是低于 1ms。

超低时延意味着什么呢？

回顾一下我们看央视或者凤凰卫视主持人与记者连线的场景。主持人说，下面让我们来连线一下在美国现场的本台记者 ×××，记者在镜头面前呆呆地等了两三秒才开始做出反馈。这就是高时延问题。

这个问题放在记者连线这样的场景之下，虽难免有一点点尴尬，但好在它不会造成严重的社会问题、经济损失，不会危及我们的生命。

然而，如果我们把高时延问题放在无人驾驶或者自动驾驶领域，可能就会因为 1ms 甚至 0.1ms 的时间差而付出无法挽回的代价。

就在我写这本书的 2019 年 3 月 25 日，北京海淀区闵庄路发生了一起严重车祸，一辆奥迪车穿过隔离带连撞了对向行驶的 4 辆轿车，造成了 1 死 4 伤的悲剧。在超低时延的自动驾驶场景下，由于系统能够以低于 1ms 的时延感应到前方障碍并采取紧急制动措施，此类事故发生的概率就会大大地降低甚至趋近于零。

另外，5G 的超低时延特征也能够在很大程度上解决 VR 体验带给用户的眩晕感问题，如图 1–8 所示。在经历了 2015 年和 2016 年的市场火爆之后，VR 逐渐遇冷除了内容生态不完善的原因，最重要的一个技术原因就是画面渲染延时滞后所造成的眩晕感。

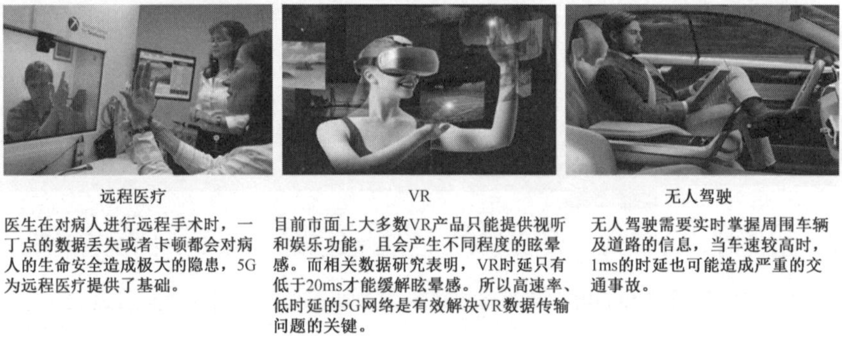

图 1–8　5G 技术超低时延特征的价值

资料来源：宜信《科技产业趋势报告 2020》

低于 1ms 的时延对于 VR 体验来说几乎可以等于实时画面，在很大程度上减弱了用户的不适感。

脸书（Facebook）的首席执行官扎克伯格曾经在一次采访中公开表示："VR 将成为 5G 时代的杀手级应用，而 5G 网络将会是影响 VR 体验的关键。基于 5G 技术的发展，VR 视频、VR 直播等将会有更大的发展空间。"

5G是一场“技术—经济”革命

我们可以更加简洁地总结5G的典型特征：更快、更多、更短。

那么问题来了：更快、更多、更短又怎样呢？它所造成的仅仅是量变呢，还是质变呢？

答案显而易见又通俗易懂，那就是量变引起质变。

这里我们要借用美国伟大的技术哲学家库恩的“范式”概念来解释一下从1G到5G的历次变革。在库恩的研究基础之上，英国演化经济学家佩雷丝提出了“技术—经济”范式的概念。

看到这两个专业概念先不要头大。

用浅显的语言来解释，“范式”就是不同时代的技术革命背景下整个商业世界所共同认可的一整套世界观和方法论，也就是马克思经常说的——我们怎么看待这个世界和我们怎么改造这个世界。“技术—经济”范式则是说不同的技术革命在开始一段时间之后必然在经济形态上从量变转向质变，从而引发商业世界乃至人类整体社会形态的变迁。

在这个视角下，我们会发现，从1G到4G的技术进化，除了通话效果的改进，更多的是不断满足用户对于信息生产、传播和消费的多元化需求。用户需求持续推动着技术进步，技术进步又反向促使用户需求的升级。

就在“技术—需求”螺旋式演进的过程中，经济形态和商业模式不但出现了量变的积累，而且发生了质变的飞跃。

因此，从 1G 到 4G 的发展史，不仅仅是一次用户对通信功能和信息消费需求从语音、文本到图片、视频的变化，更是一场“技术—经济”范式的转换，它直接地影响到了更广泛的产业经济领域，而且这种影响的范围越来越广、程度越来越深、规模越来越大。

5G 时代的开启，同样是一场史无前例的“技术—经济”范式升级。有句话说，“4G 改变通信，5G 改变世界。”由此可见，5G 并不单纯只是 4G 的延伸，它所带给我们的新的世界，将会颠覆我们对于通信、连接乃至社会关系的传统认知。

尽管 5G 在最表层上体现出来的主要是通信速度这种基本功能的提升，它比 4G 在用户体验、连接数密度、端到端时延等性能指标上都有了极大的飞跃。但从更深层次来看，速度的提升在达到一个临界值之后就不再是用户关注的重点，因为新的技术在这方面的表现总能超出用户自身的期待和想象。

所以，当数据传输速度在 5G 时代跨过那个临界点之后，用户需求的重点就会从基础功能转向应用创新，而各行各业、各个环节、各个细节的应用创新经过一点一滴的累加，必将对现行的基本商业逻辑和主要盈利模式进行彻底的改造。

比如，智能硬件的免费化、移动入口的多元化、制造行业的服务化、消费市场的个性化、产品营销的去中介化等。

站在 5G 时代的起点上

当然，站在 5G 时代的起点上去预测未来 10 年乃至更久之后的商业形态是非常困难的，唯一确定的就是我们正在 5G 技术的催化下，迈向一个“人与人、人与物、物与物之间广泛连接、高速传输、即时响应”的万物互联世界，如图 1-9 所示。

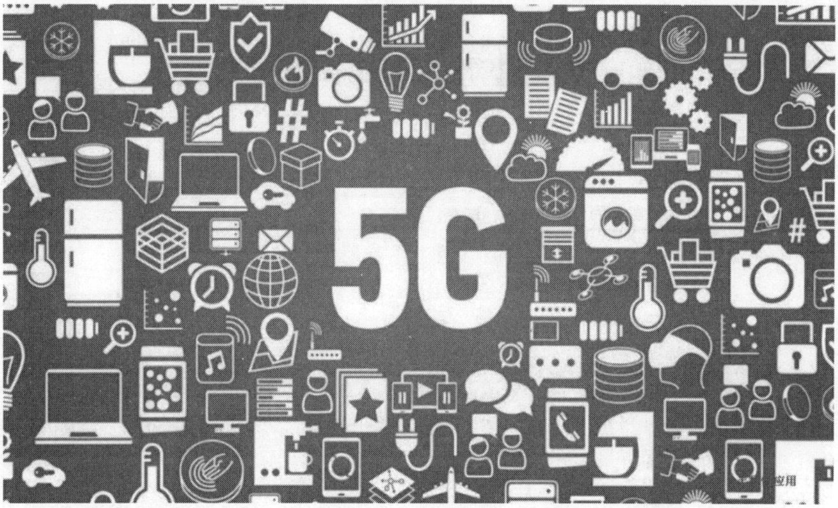

图 1-9　5G 技术开启的万物互联世界

在这个新的世界里，5G 技术将渗透到生产、销售、消费、服务等各个环节，并推动研发、设计、营销、服务等流程进一步向数字化、智能化、协同化方向发展，实现产品营销与用户价值的个性化、动态化、智能化管理。

在这个新的世界里，过去各个领域、各类职业、各种设备、各大工种之间既有的界限将进一步被消弭，产业的融合、需求的融合、技术的融合、媒介的融合、终端的融合都将为用户提供一种截然不同于以往的体验，并进一步拓展出新的产业、新的业态和新的模式。

德勤（Deloitte）与中国联通在 2018 年 9 月联合发布的《5G 重塑行业应用》的报告，第一个核心观点就是“5G 将以万亿级美元的投资拉动十万亿级的下游行业经济价值，并带来商业模式的演进或重塑：催生和推动各行各业的数字化发展；在交通、能源、制造、教育、医疗、消费、休闲娱乐等行业带来新的参与者；促进传统商业模式演进甚至是被颠覆性地重塑，实现巨大的经济价值”，如图 1-10 所示。

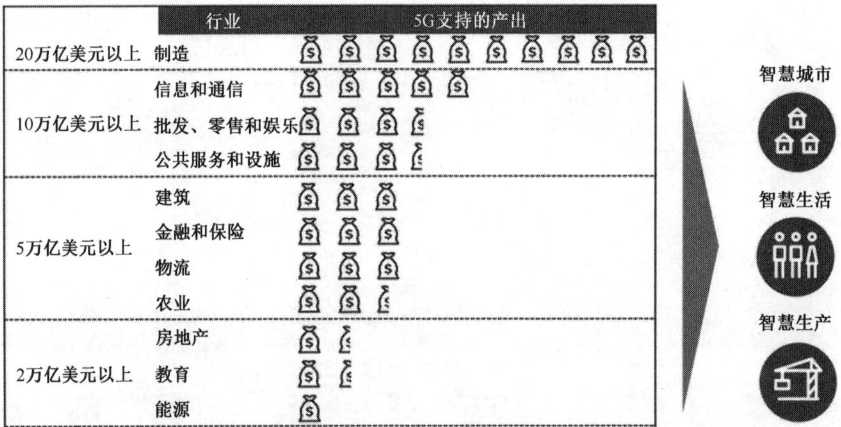

图 1-10　5G 将撬动万亿级美元的产业规模

资料来源：德勤与中国联通联合发布的报告《5G 重塑行业应用》

5G所引领的多样化创新将引发产业领域更广范围的深层次变革，直到最后完成“技术—经济”范式的转换。为此，站在 5G 时代的起点上，我们要升级认知、改造思维、提升技术、储备产品、谋求创新。

第 3 节 变革时代的娱乐与营销

5G 使娱乐经济更繁荣

事实上，在 5G 落地应用的层面上，关联性最直接、最密切的领域就是媒体、娱乐和营销领域了。

2018 年 10 月英特尔（Intel）联合咨询顾问公司 Ovum 完成的《5G 娱乐经济报告》预测，从 2019 年到 2028 年，全球传媒和娱乐产业规模累计将达到 3 万亿美元，其中接近 1.3 万亿美元来自 5G 网络，如图 1-11 所示。

> 该报告认为，作为 5G 元年的 2019 年，5G 将会为传媒和娱乐产业带来 4.09 亿美元的营收，这个数字只占到其无线网络营收的 0.2%。但三年之后的 2022 年，5G 为传媒和娱乐业带来的营收则会增长 100 多倍达 470 亿美元，在传媒和娱乐产业无线收入的占比也会快速增加到 18.5%。

图 1–11　5G 引爆传媒和娱乐产业的发展

资料来源：英特尔《5G 娱乐经济报告》

下面是英特尔《5G 娱乐经济报告》提到的一组预测数据。

2022 年：接近总营收的 20%（传媒和娱乐产业总营收约 2530 亿美元，5G 带来的营收约 470 亿美元）；

2025 年：占总营收的 55%以上（传媒和娱乐产业总营收约 3210 亿美元，5G 带来的营收约 1830 亿美元）；

2028 年：接近总营收的 80%（传媒和娱乐产业总营收约 4200 亿美元，5G 带来的营收约 3350 亿美元）。

从报告中不难看出，未来十年将会是 5G 红利集中爆发的黄金时期，谁能够顺应 5G 趋势潮流，把握住新的技术变革带来的机会窗口，谁就能够在未来的竞争中获得主动权。

在 5G 重塑传媒和娱乐产业的进程中，视频将成为未来十年内最主要的信息表达形式和娱乐休闲方式，影视、音乐、游戏、广告、导航、移动社交、网络购物及虚拟现实等越来越多的应用场景都将以视频为主要呈现形态。

在当前的 4G 环境下，各大视频网站都已经成功完成了向移动终端的迁徙；直播和短视频在经历了激烈的市场竞争和惨烈的行业洗牌之后也进入了稳定的发展期；虚拟现实类的应用场景在技术加持下正蓄势待发。这一切都表明，视频已经以绝对的优势力压文字信息、语音信息和图片信息，成为用户的主要表达方式。

世界的视频化

5G 将会继续“放大”上述特点和趋势：更加多元化的应用场景逐渐视频化；各种视频终端逐渐迈向 4K/8K 的高清化；各类尺寸不一、大小不同的智能屏幕被安装在不同的场景，使得承载视频内容的终端逐渐“泛在化”；每位用户都拥有生产和消费视频的基本能力，使得视频表达逐渐民主化……

每个接入网络的物体都具备了信息采集和信息传输的媒介功能，只要拥有一块屏幕就能够播放视频，你的冰箱、洗衣机、汽车、墙壁、书桌及眼镜等设备都可以根据你的需求、所处的场景、当时的情绪向你推荐最适合你的视频内容。

你可以不用千里迢迢从武汉乘高铁到上海去看一场比赛或者演唱会，只需要利用 5G+VR 技术就能够足不出户获得沉浸式的现场体验。而这种全新的虚拟现实应用场景意味着内容与用户之间的距离被进一步缩小，在此基础上其必然会对现有的商业模式进行改造。

全新的连接方式、全新的触觉维度、全新的参与形式也重塑着用户与用户之间的社交模式。2019 年 1 月 15 日，三家中国互联网公司同时发布了新的社交产品，其中今日头条旗下的多闪直接将自身定位为视频社交移动应用，如图 1–12 所示。

图 1–12　视频社交移动应用多闪的发布会

尽管多闪这款产品的未来前景尚需时间去验证，但视频、虚拟现实与社交场景的结合一定会给我们带来意想不到的惊喜，就像扎克伯格所说的那样："很快我们将生活在一个世界里，不管你身在何处，都能够在线即时分享和体验整个场景。"

5G 带来的营销挑战

越来越多的应用场景视频化，越来越多的视频内容多终端化，越来越多的切换终端使得用户的注意力变得更加碎片化，这些不但冲击着当前的影视、综艺、新闻、直播、短视频等媒体产品的基本逻辑，而且给企业的营销带来了巨大的挑战。

众所周知，广告营销与媒体传播一直以来都是紧密捆绑在一起的，二者相辅相成，共同构成了无论是传统媒体还是主流互联网公司的最重要的生存逻辑：二次售卖。

> 二次售卖的意思是指媒体组织首先将自身的媒体产品销售（以免费或者收费的方式）给终端用户（读者、听众、观众或者网络用户），然后再将用户的注意力打包转售给企业或广告主以获得赞助收入或广告收入，其最终的结果是广告主通过媒体营销的方式提升了自身的销售业绩。

这种商业模式和营销模式的核心在于：用户的注意力是可以被规模化地收集的。报纸的发行量意味着广告主的广告信息能够在多大程度上触达用户，电视的收视率意味着广告主的贴片广告有多少收看电视的观众能够看到，网站的点击量意味着广告主的横幅广告能够呈现在多少网民面前。

然而，随着传统媒体用户的大量流失，视频网站会员去广告功能的应用，用户每日高频率地在各种场景、各种应用和各种视频之间的自由切换，广告主、营销人员和媒体从业者都深刻地体会到一个残酷的现实：想要大规模地收集并打包用户注意力越来越难了，成本越来越高了，营销效果越来越差了。

在视频海洋里，用户的注意力变得越来越稀缺，同时也越来越宝贵。而广告营销信息就像是给用户注意力造成的噪声或干扰，它不断地被用户忽视、屏蔽、厌恶甚至投诉。

这种营销困境在 5G 时代将会变得更加严峻。正如“金投赏商业创意奖”的一位评委所感慨的那样，在内容丰裕、眼球稀缺的“今时今日，品牌建设和真正的市场营销似乎已经成了奢侈品”。

残酷的现实还有，麦肯锡公司发布的关于上市软件公司的研究报告指出：营销投入和增长率之间没有任何相关性，完全没有。

富尔奈斯营销集团的研究则发现，73%的首席执行官认为市场营销人员缺乏业务可信度，而对效果的关注却不充足，“总是在要钱，却很少能够解释清楚这笔钱能够带来多少额外的业务。”

重新思考 5G 视频时代的营销

5G 时代的来临，将会加剧各类内容之间、内容与广告之间对于用户注意力争夺的趋势，但显然营销广告信息在这场战役中并不占任何优势。

与之相对应的，5G 时代的超级物联网将会比 4G 时代的移动互联网更加深刻地改变“人—货—场”之间的关系，任何一款应用、一个场景、一段视频都可以直接与某个网络卖家、某件爆款产品相连接，用户“看到即买到”，只要你眨眨眼或者点点头，它们就会被系统自动地放入你的购物车。

更快的速度、更多的连接、更短的路径，将用户从营销认知到购买决策的时间距离和空间距离，“压缩”到了收看一段视频或者体验一个虚拟现实场景的长度，甚至更短。用户看到任何心仪的产品，都可在瞬间完成购买动作。

但问题是：从看见到购买的时空距离无论有多短，你怎么能够确保最合适的用户在最合适的场景下看到你的产品呢？

毕竟，用户喜欢的是内容，不是营销；用户喜欢看的是视频，不是广告。

然而，企业、广告公司每年斥巨资、请专人、找代言所创作出来的广告，难道不是视频吗？难道不是内容吗？甚至有大量广告片的投资、演员、导演等都完全可以与好莱坞大片相媲美了。

为什么用户仍然宁愿去观看一个小镇青年用 999 元钱的手机拍摄的一段表演拙劣的土味视频，而不愿意去看 15 秒或者 30 秒制作精良的广告呢？为什么那些声名赫赫的大企业、大品牌在与那些籍籍无名的小主播、小网红竞争用户注意力的时候总是节节败退呢？

当 5G 时代的视频变成一种主要表达工具、一种新的网络入口、一种市场营销的标配及一种流动在超级物联网中的活跃因子的时候，视频——无论多长或者多短，已经远远超出了它作为媒介产品的基础形态。

它成了一种思维，一种重构“人—货—场”关系的连接思维、娱乐思维、社交思维、营销思维和消费思维。

因此，5G 时代的营销，不但需要树立起全新的视频营销思维，而且需要一个能够利用好视频形态、重振营销业绩的首席视频官。

CVO

第2章

你的企业需要一个首席视频官

第 1 节　刷屏的小猪佩奇与流浪的大师

究竟“啥是佩奇”

在 2019 年春节期间，有一头小猪几乎在一夜之间“抢占”了数以亿计中国手机用户的视线。

八分钟的短片，三代人的价值观，无数人的笑点、痛点、焦虑点，十几亿中国人的故乡记忆与春节味道，在跌宕起伏的故事情节中被发酵、被渲染、被疯传、被反思。

这则短片将动画世界与现实世界、成人世界与儿童世界、城市世界与乡村世界有机而又有悬念地联系在了一起。

当然，这则短片的成功与它出现的时机也密切相关。

无论是在城市还是在农村，无论是成人还是儿童，无论是奔波在写字楼里的上班族“候鸟”，还是已经开始准备年货盼望子女回家的父母，在春节前的十来天都在翘首等待着新年钟声的敲响和阖家团圆的氛围，《啥是佩奇》的出现点燃了情绪的火种，并迅速在每个手机用户的屏幕上传播，最终形成了燎原之势。图 2-1 是该短片的截图。

图 2-1　短片《啥是佩奇》截图

那么究竟“啥是佩奇”呢？一组数据或许能简单说明这个问题。

1.《小猪佩奇》动画片的豆瓣评分为 9.2 分，这说明其用户体验良好，口碑爆棚；

2.《小猪佩奇》2015 年进入中国市场后，年播放量超过 100 亿次，第 5 季上线后更是在短时间内迅速突破 100 亿次的播放量，说明它的用户基数大，爆发周期短；

3.《小猪佩奇》出品方母公司 2016 财年全球收入约 70 亿元人民币，2018 财年为 90 亿元人民币，中国市场成为其最重要的市场，说明它的商业模式成熟，吸金能力强；

4. 预计《小猪佩奇》在 2020 年将创造超过 120 亿元人民币的全球收入，其中“小猪佩奇”周边衍生品的贡献将超过 70%，说明这个 IP 有着较强的生命力和较乐观的开发前景；

5．在微博上#小猪佩奇#的话题有着 3.8 亿次阅读、25.7 万个讨论，远远高于《熊出没》《喜羊羊》等儿童动漫产品。此外，它的周平均搜索指数高达近 15 万次，是《海绵宝宝》的 8.9 倍，是《天线宝宝》的 27.6 倍，说明它的热度高、影响范围广泛。

一头小猪的“社会化”

事实上，早在“啥是佩奇”的营销风暴之前，《小猪佩奇》除了在儿童群体中广受欢迎，也已经在成人的世界里火爆过一段时间了，最典型的莫过于“小猪佩奇身上纹，掌声送给社会人”。

原本《小猪佩奇》因其简单明了的配色、“天真无邪”的剧情、没有反派的“人设”、寓教于乐的故事和简短密集的笑点，深受广大低龄儿童的欢迎。

但后来包括不少家长在内的网络用户用成人的视角和娱乐化的心态去看待它的时候，又有了新鲜而饶有趣味的解读，于是经过成人化再造与二次创作，各种与《小猪佩奇》有关的表情包、搞笑段子、短视频迅速得到了家长、学生等不同群体的喜爱。

有意思的是，在 2018 年年中的时候，一个分享《小猪佩奇》各种表情包的非官方微博账户，在非常短的时间内粉丝数量就迅速超过了 20 万，其规模甚至是《小猪佩奇》官方微博账户的三四倍。

在视频网站 Bilibili 上，用户二次创作的四川话、上海话、东北话、河南话等高达 15 种之多的方言版《小猪佩奇》内容，点击量都已过百万。

在快手和抖音等短视频平台上，动感而有节奏的音乐，再配以贴满手臂的小猪“文身”，情节简单且有冲突性、画面辣眼而有趣，并且引发了大量用户的竞相模仿，他们纷纷上传自己创作的图片和短视频，如图 2-2 所示，又进一步强化了这只小猪的社会化传播效果。

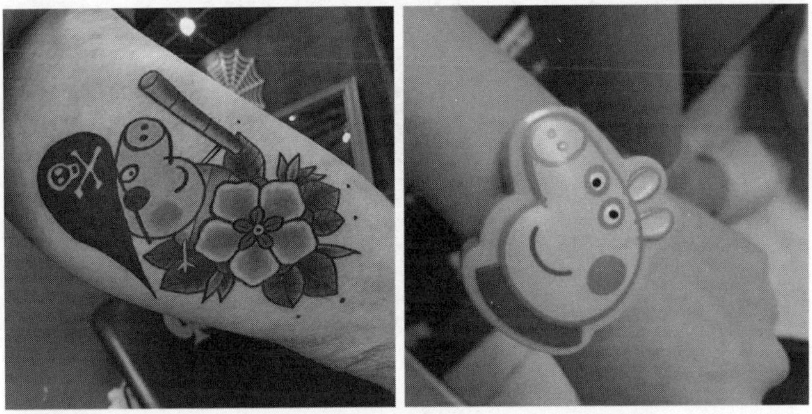

图 2-2　用户上传的“小猪佩奇”文身与电子手表

之后，有人晒出意大利著名球星吉拉迪诺的左臂上的“小猪佩奇”文身，一位男演员在微博上晒出额头上的“小猪佩奇”贴纸后获赞 20 万个，一位女演员晒出一段佩戴“小猪佩奇”糖果手表混搭 Gucci 提包的展示视频，“小猪佩奇”在娱乐圈又吸引了一大批粉丝。

此外，随着官方联合优衣库推出儿童版小猪佩奇上衣的热潮，用户们热情高涨地自发将小猪佩奇的形象，与奢侈品品牌、汽车品牌、化妆品品牌进行了“卓有成效”的跨界“勾兑”。

甚至连美丽的海南岛也未能“幸免”，一天之内，话题#海南小猪佩奇#的搞笑微博就获得了 65 000 多个点赞，而点赞最多的评论只有简单的几个字：“社会人”。

表情包、网络段子、搞笑短视频等社会化内容在移动互联网上的火爆，也带来了“小猪佩奇”衍生品的市场繁荣，一家淘宝店铺上带有“小猪佩奇”形象的手表、手环创造了连续几个月销量突破 10 万只的业绩，其中一个月连贴纸都卖出了 5 万张。更有媒体报道，有位男子花了 1 万余元在自己背上纹了一只“小猪佩奇”。

无论是官方主导的营销行为，还是用户自发引爆的刷屏现象，都在很大程度上说明了《小猪佩奇》这一 IP 的巨大衍生价值。随着“小猪佩奇”的主题公园在北京和上海的先后开放，“小猪佩奇”所能带来的经济效益还将进一步增加。

“后稀缺社会”：从流浪到流量

2019 年 3 月 25 日的前一周，一位名叫沈巍的“流浪大师”迅速红遍了整个网络，从抖音到微博，从直播到短视频，甚至连探讨“流浪大师”现象的文章动辄都 10W+的阅读量。

一面是灰头土脸的流浪汉，一面是满腹经纶的国学大师；一面是胡子拉碴的人在街头阅读，一面是浓妆艳抹的美女帅哥跟拍直播；困顿、理想、街头流浪、拾荒者、公务员、名牌大学、身份、财富……各种貌似不协调甚至有着强烈冲突色彩的标签和画面，冲击着每个网络用户的视觉和神经。

“大师出来了！”视频中随着沈巍的出场，乌泱泱的人群举着手机如蜂群一般跟上去，紧接着能听到他的满口“金句”及人群的叫好声。

拍照、合影、直播、采访及越来越多的网络视频病毒式扩散，彻底打破了沈巍原本单纯的“隐居”生活，虽然一夜成名天下知，但这种成名是被动的，这种“网红式”的闹剧显然已经离他本人的初衷渐行渐远，因此他最终选择了离开。

“流浪大师”爆红与“小猪佩奇”刷屏现象，虽然有着各种各样的差异点，但二者相同的地方在于，无论是笑点中带着泪点的短视频广告，还是网络空间中成人对“社会猪”的全新演绎，抑或短视频、直播等内容的生产者对热点的追逐，都有着鲜明的“后稀缺社会”特征。

“后稀缺社会”是数字记忆理论学者 Andrew Hoskins 提出的一种说法，它有如下几大特点：

1. 商品、信息、物质及能量等“产品”，无论从数量、质量还是价格、功能等方面，都不再稀缺，而且基本上能够满足整个社会几乎所有用户的生存需求；

2. 互联网、移动互联网上有着丰富的用户和丰富的信息，只要你能够创造一套合理且有效地组织这些资源的方法或系统，你就能够创造非凡的价值；

3. 唯一变得越来越稀缺的资源，就是所有网络用户的总体注意力规模，以及每一位用户可支配的有效注意力时间，如图 2-3 所示；

4. 捕获越来越稀缺的注意力资源的重要手段，就是不断地制造具有稀缺性的内容，这成为影响传播效果、营销效果和转化效果的重要因素。

图 2-3 “后稀缺社会”注意力成为唯一的稀缺资源

从这个视角来看，“注意力”这个唯一的稀缺资源，将会是“后稀缺社会”“后稀缺经济”或“后稀缺文化”中，所有参与者们要重点争夺的对象。只有那些捕获了用户注意力资源的内容、自媒体、平台、品牌及人物，才有机会最终将它们转化成现实的经济利益。

因此，无论是“小猪佩奇”还是“大师”沈巍，其刷屏都代表着某种稀缺性：稀缺的感动、稀缺的搞笑、稀缺的冲突、稀缺的震撼……

第2节 视频成为超级入口

刷屏四境界

当越来越多的用户把更多的注意力放在寻找具有稀缺性的内容、事件或者产品上的时候，很多自媒体从业者、企业营销人员、广告从业者等，也都在忙于研究、策划和创造这种稀缺性，当然也有很多人物、事件或组织因为偶然或者必然的某些因素，被动地成了万众瞩目的稀缺性焦点。这时候就很容易形成刷屏现象。

我们可以把刷屏现象分成如图2-4所示的四个等级。

1. 第一级，小范围刷屏。它主要在某些特定小群体或者特定的地域范围内引起了较为广泛的关注、传播和转发。

2. 第二级，初级刷屏。它可能影响了一个行业或一个阶层，或者百万乃至千万级别的人群/地域。

3. 第三级，高阶刷屏。它的影响比同行、同乡或者同阶层更大，甚至可以扩大到同龄人的量级，70 后、80 后、90 后这样的人群动辄数以亿计。

4. 第四级，现象级全民刷屏。它完全突破了行业的限制、年龄的限制、阶层的限制和地域的限制，你会发现几乎身边的所有人都在讨论这个话题。

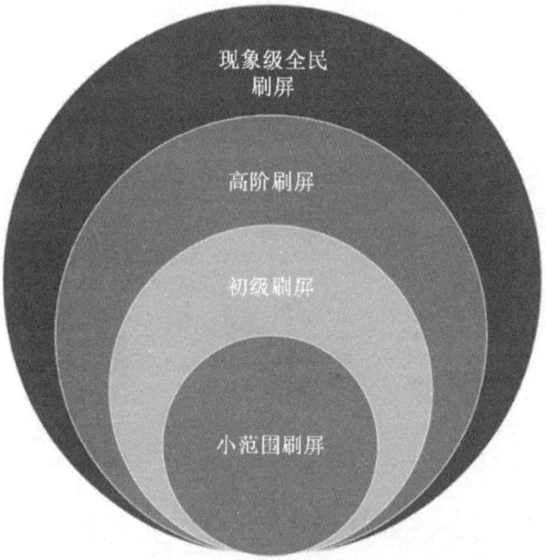

图 2–4　刷屏的四个等级

比如我们上文所提到的《啥是佩奇》营销短视频，尽管它的发布从本质上讲是一种营销行为，但它所引发的关注、讨论，以及所带来的社会话题、所营造的过节氛围，都足以使它形成了现象级的全民刷屏。与“流浪大师”相关的短视频也是同样的道理，《流浪地球》这部电影能够逆袭为 2019 年春节档票房黑马，也与它在社交网络中所形成的现象级刷屏有着高度的关联。

高阶刷屏的案例也有很多，比如前一段时间网络上被疯狂转发的

《甘柴劣火》《你的同龄人，正在抛弃你》《一个寒门状元之死》等文章，都属于高阶刷屏内容。当然，这些刷屏内容在一个年龄阶段的人群中火爆之后，也存在关于其理性逻辑、价值观念和真实程度的大量争议，这也是某些自媒体账号和平台被要求停更或整改的重要原因。

初级刷屏的短视频、事件及文章就更多了。2018 年 8 月，我的一位朋友写了一篇探讨《延禧攻略》《西虹市首富》等影视作品和抖音等短视频平台火爆原因的文章，该文章迅速在娱乐传媒领域传播开来，并在一天之内突破百万人次阅读量。这种某一行业或者某一阶层的刷屏内容出现的频率很高，比如最近的成都七中事件，去年的中兴事件，前年的幼儿园事件等，都属此类。

小规模刷屏几乎每天都在发生，如某些大学新近发生的热点事件，某些城市近期的重大活动，某些明星的生活、工作、情感话题等。

技术加速着进化的脚步，我们的生活节奏也变得越来越快，全球各个角落所发生的重大事件更新速度也变得越来越快，这意味着用户注意力在各类刷屏内容之间转移的速度也变得越来越快。

试想一下五年之前，我们是不是还比较有耐心读完一篇 2000 字的配图文章？但是今天，我们看到那些带有挑逗性的标题之后，连想点开的欲望都没有了。事实也的确如此，视频形式正在逐渐地赶超图文形式，不断地制造刷屏、吸引流量，成为引爆传播的导火索。

事实上，刷屏、火爆、热点、网红、直播、佩奇、社会人、流浪大师……这所有现象背后，都反映了后稀缺社会的流量焦虑问题。

流量的本质

近几年来，我经常听到客户们在抱怨类似这样的问题：流量红利消失了、人口红利消失了、营销手段失灵了、刷屏方法失灵了。

很多营销人员都在被这些问题所困扰，线上获客的难度越来越大，购买流量的成本越来越高，留住用户越来越难。明明看着网络中的热点一波接一波，明明策划好了的蹭热点、造热点的创意却无疾而终，眼看着别人家的产品、品牌在刷屏，而自己只能眼巴巴地在手机上动手指刷着屏。

移动互联网时代，每个平台都在激烈地争夺流量，每个自媒体都在疯狂地吸引粉丝，每个企业都在绞尽脑汁制造爆款，企业希望每个商业行为都能成为刷屏的事件。

但很多组织和个人是为了流量而流量，就刷屏谈刷屏。因为在浮躁的商业氛围之下，我们非常容易掉入某种“认知陷阱”，总以为大家都在追求的东西就是好的，大多数企业通行的做法就是对的，以至于自己连流量是什么都没搞清楚就去购买流量了，连为什么想要刷屏都没想明白，就每天生搬硬套一些方法，火急火燎地逼着创意人员写文案、拍短视频了。

那么，流量的本质究竟是什么？刷屏的核心又究竟是什么呢？

对于移动运营商来说，流量就是 50 元包月 50G，当你的包月流量用完了，就要开始额外计费了。但那是运营商的流量，不是你的。

对于互联网公司或者移动互联网平台来说，流量就是有多少活跃用户、他们每天有多久的在线时长，有了这些数据，就可以将其变现为广告收入。但那是互联网平台的流量，不是你的。

5G时代的来临对运营商的影响是最直接的，因为用户所消耗的流量可能一下子从每月50G蹿升到了每月500G，甚至更多。对于互联网平台而言，影响也是显而易见的，视频比图文更吸引用户、更容易让他们在平台上停留更长时间。

但对于企业和品牌而言，流量的本质却应该是用户稀缺的注意力和转化率。为什么这么说呢？

因为不同的目的决定了你对流量的定义一定不同于运营商和互联网平台：你的根本目标是要销售，而流量则是你达成销售的手段。图2-5说明了不同营销阶段对于流量的不同理解。

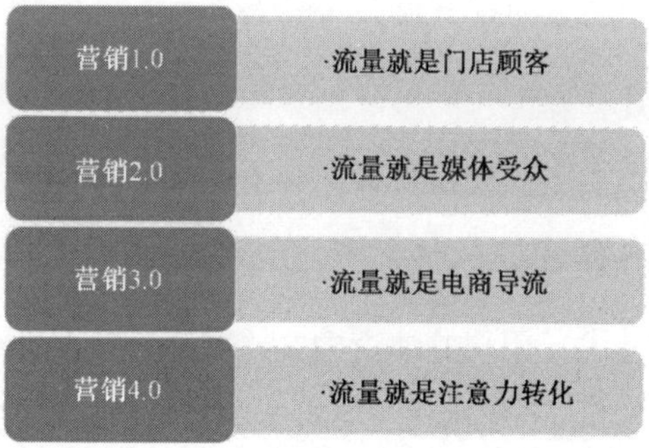

图2-5 不同营销阶段对流量的不同理解

营销1.0时代，流量就是每天有多少顾客来到了你的门店，其中又有多少人购买了你的产品。

营销 2.0 时代，流量就是有多少人在电视、报纸、杂志上看到了你的广告，其中有多少人记住了你的品牌，又有多少人在忽然需要的时候想起了你的产品并购买了你的产品。

营销 3.0 时代，流量就是有多少人通过搜索引擎、推荐引擎的方式被导流到了你在互联网、移动互联网终端的电商着陆页面，这其中又有多少人把产品加入了购物车并最终购买了它们。

营销 4.0 时代，流量就是你忽然发现——很难大规模捕获用户的注意力了，没有了注意力，转化率也就无从谈起了。

视频红利

营销 4.0 时代的流量都去哪儿了呢？把这个问题换个说法，问得更本质一些，用户的注意力都去哪儿了呢？

转换思维后就会发现，流量红利其实并没有减少，只不过它被转移和分散了，转移到了用户更喜欢的内容上去了，分散到能够更个性化地满足用户需求的内容上去了。

物质匮乏的时代，用户的注意力并不稀缺，商品本身才稀缺；大众传播时代，用户的注意力集中在了电视和报纸上面；互联网时代，用户的注意力从门户网站转移和分散到了视频网站、社交网站和电商网站上面。

今天，移动互联网正在开启的 5G 时代，既不是电视独步天下的时代，也不是微信垄断流量的时代，大众媒体与网络媒体并存，广播、电视、资讯客户端、社交软件、视频网站、电商平台、短视频应用、搜索引擎工具、垂直定位的新媒体诸侯、来自四面八方的自媒体大咖小咖，在同一个时空的不同维度，以既竞又合的姿势，瓜分着被人工智能持续释放出来的用户注意力资源。

不确定的因素在于，碎片化、去中心化和自媒体化的趋势使得企业营销获取流量的难度加大；确定的因素在于，我们能够清晰地感受到用户的注意力正在从图文内容向视频内容转移和分散，这是 5G 时代流量格局变动的最大趋势。

一提到视频，大家想到的就是抖音、快手、优酷、爱奇艺、腾讯。但事实上几乎所有的市场参与者都已经深刻地意识到，未来十年真正的超级流量入口并不是哪一款手机应用，而是视频这种内容形态。

5G 时代，有些媒体介质可能会发生改变，有些媒体组织可能会消亡，有些媒体从业者可能会转型，但是真正能够让我们在前所未有之产业大变局的机遇面前临危不乱的，还是那句老生常谈：内容为王！

这里的内容，指的是作为超级流量入口的视频内容。

你可以去做这样一份用户调查问卷：

1．请问你看到的《啥是佩奇》的短片，究竟是哪家制作公司、哪位导演拍摄的？

2．请问你觉得“流浪大师”的视频是在哪个平台上更火？是抖音上、快手上，还是在其他直播平台上？

3．请问你是否真的介意《都挺好》这部电视剧究竟是在浙江卫视还是在江苏卫视播出、究竟是在腾讯视频还是在爱奇艺视频播出？

事实上，用户的回答通常会是“不知道”“无所谓”“不介意”。是的，用户从根本上在意的是有趣的、好玩的、感动的、新鲜的、刺激的、颠覆认知的内容，而不是承载这些内容的平台或组织机构，尽管这些因素也会有一些影响。

真正在意这些问题的是平台，对于平台而言，谁掌握了稀缺的爆款内容产品，谁就能够在激烈的市场竞争中攫取一波流量红利。因为用户跟着稀缺爆款走，稀缺爆款走到哪里，用户的注意力便会跟到哪里。这也就是我们上文所说的后稀缺社会基本原则：创造稀缺的优质内容，吸引稀缺的用户注意力。

所以，对于营销活动而言，无论你是全球化的跨国公司还是本土化的中小型企业，无论你是要展开品牌战略还是要落地销售方案，你都要非常清醒地告诉自己：流量红利正在流向视频这一“注意力黑洞”，而你要做的则是识别随时可能出现的爆款作品，或者为自己的营销目标量身打造具有持续刷屏潜力的视频 IP，比如《小猪佩奇》这样的优质视频。

第3节 内容即广告，视频即广告

给视频加点销售动作

很多看了《啥是佩奇》这则广告短片的用户都写下了“超级暖心”“感动哭了”“支持大电影”等诸如此类的留言。

满屏的转发分享、爆棚的口碑传播、几无差评的故事内核，都使得看了这段视频的用户坚定地相信——这是一次成功的营销活动。

那么我们来问一个问题：什么是成功的营销活动？

这个问题没有标准答案，因为回答它需要有一个前提，那就是你的营销目标是什么。再具体一点，此次营销活动的 KPI（关键绩效指标，Key Performance Indicator）是什么？

如果你说：我的营销目标是扩大知名度，我的 KPI 是要让超过 1 亿用户看到我的产品信息，让大家知道电影《小猪佩奇过大年》将要在 2019 年的大年初一上映。

那么恭喜你，这是一次非常成功的营销活动，一位导演+几位演员+较短的拍摄周期+近乎免费的投放媒介+数千万人的自发性点赞转发……无论是 KPI 还是 ROI（投资回报率，Return On Investment），表现都很不凡。

但如果你说：我的营销目标是把目标人群无论是通过吸引的方式还是通过驱赶的方式，导流到电影院去看我的电影，直白一点就是我要销售电影票，提升预购销量或者票房总量。

那么在全世界都在为你鼓掌喝彩的时候，你要反思一下，这场营销活动是不是哪里有点失误了？为什么这么广泛的传播、短期内聚集了数千万用户注意力的现象级刷屏，却没有将《小猪佩奇过大年》打造为一部现象级的电影呢？

图 2-6 显示了《小猪佩奇过大年》的电影总票房——1.24 亿元，这样的票房成绩与前期《啥是佩奇》短片在互联网上的火热程度形成了鲜明的对比。很多看了前期宣传短片的用户都纷纷表示要去电影院支持佩奇，但这样的评论却没有转化成购买。

图 2-6 《小猪佩奇过大年》电影票房为 1.24 亿元

如果我们在视频短片中增加一个小小的动作，或许在一定程度上，甚至很大程度上，会提升我们的营销效果。比如，在视频的最后一两秒添加一个“马上购票”的点击动作，或者“长按识别二维码购票”的按压动作，引导用户点击或识别，将他们直接导流到网络购票平台。在视频短片渲染的情绪下，这种情感上的触动很容易形成直接的消费。

还是上文我朋友写的那篇阅读量超过 100 万人次的文章，直接带火了日本作者三浦展十年前的一本图书，当时京东、当当等电商平台早已无货。因此在二手书网站上，这本原本几十块钱的图书，其价格竟然被炒到了三百多块。出版社很快重印了这本书，以及与之相关的诸如大前研一等人的其他几本研究日本当代文化现象的图书，一度卖得不错。

试想一下，如果在这篇文章的正文或者底部，我们直接附上那本图书的购买链接，用户只要点击一下就可以直接跳转到它在京东、当当或者其他图书网站的购买页面，类似图 2-7 所示，这本书的销量会不会更好？

再试想一下，如果我们敏锐地感觉到“流浪大师”的视频火爆背后还存在某种商业机会：比如沈巍脱口而出的“金句”很多出自《论语》《史记》《东周列国志》《聊斋志异》等中国文化经典图书，而且在视频画面中频繁地出现他读书的画面。那么，在视频中间或者末尾，我们是不是可以直接将用户导流到这些“金句”引自的图书或者视频画面中出现的图书的购买页面呢？

继续试想一下，在快手抖音的页面上、在微信公众号的内容页上、在吸引了用户注意力的图片上，我们是不是可以给那些爆款视频或者刷屏内容加点营销动作呢？

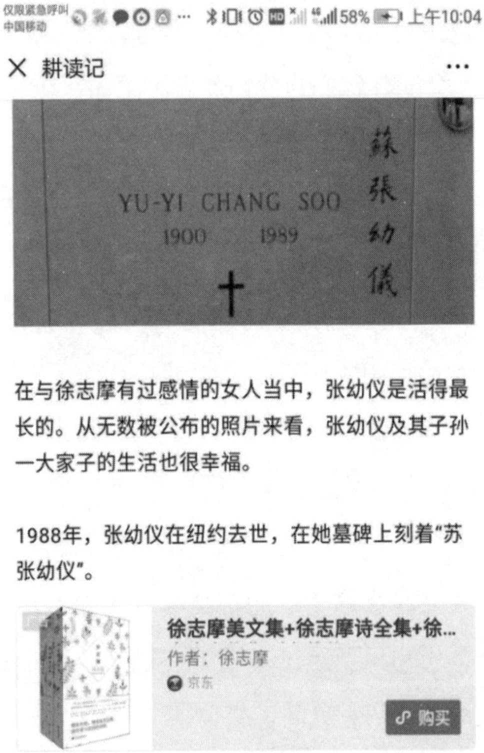

图 2-7　与内容具有高度相关性的图书购买链接

视频时代的"注意力模型"

是的。内容即广告，广告即内容！

是的。视频即广告，广告即视频！

在这个注意力是最稀缺资源的后稀缺时代，只以宣传为目的的广告快要失灵了，但广告并没有死，营销并没有死，它们只是从过去的

“广告、内容两张皮”的形态，摇身一变成了“广告、内容一体化”的形态。而且，这种从内容营销导向销售的目的和效果都更加简单、直接和明了。

与此相适应的，在营销广告中，消费者从注意到购买的决策过程也被极大地压缩了，后稀缺时代的“注意力模型”已经发生了本质的变化，如图 2-8 所示。

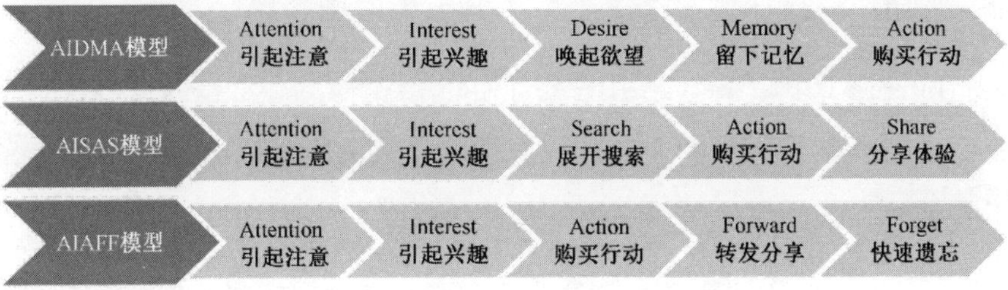

图 2-8 从 AIDMA 模型到 AIAFF 模型

1. 在用户注意力集中在电视媒体的年代，注意力模型是 AIDMA (Attention 引起注意—Interest 引起兴趣—Desire 唤起欲望—Memory 留下记忆—Action 购买行动)；

2. 在用户注意力集中在互联网媒体的年代，注意力模型是 AISAS (Attention 引起注意—Interest 引起兴趣—Search 展开搜索—Action 购买行动—Share 分享体验)；

3. 在用户注意力集中在移动互联网的年代，注意力模型是 AIAFF (Attention 引起注意—Interest 引起兴趣—Action 购买行动—Forward 转发分享—Forget 快速遗忘)。

我们来看一下不同模型中从引起注意到快速遗忘的过程，看看究竟发生了哪些变化。

Attention（引起注意）：无论是大众媒体时代，还是视频传播时代，获取用户的注意力永远都是第一位的，没有用户的注意力就没有品牌的知名度，更不会有购买的转化力。只不过，过去我们依靠电视剧贴片广告的方式获取注意力，今天我们更多地依靠创意短视频或者爆款内容产品获取用户注意力。

Interest（引起兴趣）：用户看了你的营销信息之后，他觉得自己需要广告中的某个产品的功能，或者你的视频内容很有意思、很好玩，于是就对你的产品产生了兴趣，或者好感。

Desire（唤起欲望）：电视广告会不断地重复、不断地告诉观众，你需要这个功能、这个产品或者这个品牌，一遍遍的轰炸占领了消费者的心智，强化了他们内心的需求。

Memory（留下记忆）：在电视如日中天的年代，互联网还不发达，消费者被广告轰炸之后需要记住自己想要哪个品牌的什么产品，因为他无法在看完广告之后马上下单购买。

Action（购买行动）：在没有电商的线下购物年代，消费者记住某个品牌、某个产品之后，他可能要等到周末，搭乘公交车或者开着私家车，到达某个具体的卖场，买回他想要的那件商品；在电商发展的初级阶段，他可以在电脑端登录账号购买他想要的产品；在移动电商阶段，消费者只要拥有一部智能手机，就可以随时购买他想要的产品了，这使得“边看边买”成了现实。

Search（展开搜索）：在互联网和电商网站并不发达的时候，消费者对某种商品产生兴趣之后，会主动去搜索和比较，从而确定自己是否真的要购买某件产品，确定后再选择电商渠道或者线下渠道进行购买。

Share（分享体验）/Forward（转发分享）：PC 互联网电商年代，很多消费者购买后或体验后，喜欢在他们的社交网站上进行经验分享或者发表购买攻略，从而形成了某种正面口碑或者负面评价。在内容营销活动中，用户看了某个短视频或者图文内容，产生了情感驱动型购买行为，他们还会把相应的图文转发到自己的微信、微博、抖音等，从而影响到社交网络中的更多用户。

Forget（快速遗忘）：内容营销时代的用户注意力不断地在爆款内容、热点事件和刷屏视频中切换，导致他们很容易就遗忘了上次的情感驱动型购买行为，但这也意味着他们下次还会继续为这种情感冲动而消费。

是时候设立首席视频官了

从 AIDMA 到 AISAS，再到 AIAFF，我们发现媒体环境变了、营销逻辑变了、消费行为也变了，这些变化集中体现出了我们在第 1 章中提到的“人—货—场”的重构。

过去线下购物时的“人—货—场”是相互分离的，用户受到营销信息的影响，想要购买一件商品，他就必须等待短则一两个小时、长则一两个月的时间，跨越短则两三公里、长则五六十公里的距离，才能够购买到他需要的商品。因为那时候的商品是稀缺的、渠道是稀缺的、物流是稀缺的。

但是今天移动电商时代的“人—货—场”是融合在同一个智能手机终端上的，用户在手机上，卖场在手机上，商品在手机上，连用户购买所需要的钱都在手机上。商品不再稀缺，渠道不再稀缺，物流不再稀缺，唯一稀缺的是用户的注意力。

移动电商已经在最大限度上将用户从注意到购买的时间和空间路径压缩了：在手机上引起注意，在手机上产生兴趣，在手机上点击跳转，在手机上查看比较，在手机上加入购物车，在手机上付费下单。这所有的动作可以在短短的几分钟之内完成。

作为营销漏斗的注意力模型虽然看上去仍然是一环一环的漏斗，但其本质已经发生了巨大的变化，随着购买决策流程的压缩，营销战役最前期的 A（Attention，引起注意）变得越来越重要，没有这个 A，就没有后面所有的转化、购买和分享等动作。

而 5G 时代的到来，又使得视频这一超级入口成了新环境下的“注意力黑洞”，吸引着源源不断的流量流向视频内容。

我跟有些客户开玩笑说，最近一段时间，出去吃饭都不能好好吃了。为啥？因为以前跟朋友们吃饭，只是不能动筷子，要让他们先拍照；现在却不同了，你不但不能吃，还得配合演出，录个“萌萌哒”的短视频才能动筷子……

当视频成了移动互联网世界超级入口的时候，当营销活动的成功与否越来越取决于我们有没有能力通过视频内容最大规模地捕捉用户注意力的时候，当用户的“注意—购买”流程越来越简化为“边看边买”的时候，无论是大中型企业还是小微型企业，无论是品牌活动还是促销活动，都迫切地需要一个首席视频官，来点燃营销活动的导火索，引爆营销活动的炸药桶。

CVO

第3章

短视频成为企业营销的标配

如何在最短的时间内、最有效地让客户了解企业产品的详细特点、优势、与众不同之处？如何在短时间内抓住用户眼球、洞察用户内心需求并在海量的信息中脱颖而出？

如果是在二十年之前提出这两个问题，那么很多营销人会理直气壮地回答：电视广告！但是在今天，那些回答“电视广告”的人自己说出这几个字的时候，都未必会有充足的底气。

因为，电视媒体自身的用户已经流失过半，视频网站的活跃用户群体中选择付费会员免广告的比例也已过半。曾经作为营销法宝的视频广告在新的媒体环境下越发难以奏效，而短视频则一骑绝尘般地成为营销圈里的“新宠”。

无疑，一则成功的短视频既能在后稀缺时代快速地抓住用户的注意力，又能最大限度地压缩用户与产品之间的时空距离，使之无限趋近于零。

第 1 节　理解短视频的三大核心思维

用户思维：做用户最喜欢的事情

在利用短视频开展你的营销活动之前，请仔细地思考一个问题：视频广告与短视频之间的根本差异是什么？

无论是在给学生上课的时候，还是在帮助客户解决营销问题的时候，我都会问这个问题。

事实上，有营销史以来，制作最精良、流程最规范、影响范围最大的短视频类型就是视频广告了，尤其是电视广告。

5 秒、15 秒、30 秒、60 秒的标准时长，明星、导演、场景、道具的极致化呈现，广告主、广告公司、电视媒体的精彩策划与通力合作，使得在电视台黄金时段播出的电视广告这种短视频类型，不但快速吸引了消费者的注意力，而且极大提升了品牌形象和产品销量。

“好空调，格力造”“收礼还收脑白金”（见图 3-1）“去屑实力派，当然海飞丝”“你是我的优乐美”“农夫山泉有点甜”……这些电视广告不但是成功的短视频经典，而且影响了几代人的生活方式和消费方式。

图 3–1　脑白金的经典电视广告

但电视广告的黄金年代已经一去不复返了，尽管它依然占有一席之地。说到底，在生产过剩、媒介过剩、渠道过剩、表达过剩的后稀缺社会中，电视广告捕捉用户注意力的能力已经几乎丧失殆尽，视频网站贴片广告的播放量也增长乏力。

用数学中包含与被包含的关系来讲，视频广告是短视频的类型之一，但短视频并不必然是视频广告。在表现形式和关键特征层面上，二者虽然存在着大量的共同点，但它们之间的本质差异也是至关重要的：视频广告的出发视角是企业，短视频的出发视角则是用户。

说到底，视频广告做的是企业喜欢的事情，短视频做的则是用户喜欢的事情。

用户记住了“好空调，格力造”或者“收礼只收脑白金”，并不是因为用户就真的喜欢他们的广告，也并不意味着用户就必然会产生想要购买他们产品的欲望，只是因为在那个优质内容稀缺和多元媒体终端稀缺的年代，用户在广告的狂轰滥炸之下形成了记忆。

但这并不能掩盖用户讨厌视频广告的事实。尤其是在手机成为用户优先选择使用的媒体工具之后，成百上千种移动媒体应用、随时更新的海量有趣内容、不断发掘用户兴趣的个性化推荐系统，都使得本来就不太有吸引力的视频广告的处境每况愈下。

因此，当企业准备采取短视频营销策略的时候，一定要时刻提醒自己转换思维：传统视频广告的重心是广告，是一种以企业为中心的广告思维；短视频的重心则是视频，是一种以用户为中心的内容思维。

所以，如果想要做好短视频营销，企业就必须从用户角度出发，先把内容做好，然后再谈营销；内容做不好，营销也就无从谈起了。在做短视频营销的时候，以下几点需要我们经常反思：

1. 我在做的是自己喜欢的事情，还是用户喜欢的事情？

2. 我做出来的这个东西是一则广告，还是一则内容？

3. 如果用户转发这则短视频，会让他们觉得“长脸”还是“丢脸”？

4. 如果我是个普通的用户，我会怎么看待这则短视频？

产品思维：再短的视频，都是一个产品

有很多企业特别擅长做有形的产品，能够把从研发到生产、从零部件到外观包装做到精益求精、快速迭代。但不少企业并不太会做短视频，

更别提短视频营销了。

为什么会这样呢？其实道理很简单，它在做自己企业主营业务或主打产品的时候，是在用产品思维做事情；但它在做短视频营销的时候，却是在用“打酱油”的心态做事情——能成功就成功，不能成功就再寻找其他营销策略。

用这种心态去做短视频也好，还是其他任何事情也罢，其结果在开始之前就已经基本决定了，99%的情况下必然无功而返。

这也就是我们这本书为什么一直强调企业要设立首席视频官。

企业的一把手可能是做研发出身的、做质量出身的、做渠道出身的，他在核心产品和品牌战略方面有着绝对的话语权，但大多数的一把手不懂视频、不懂短视频，甚至不屑于短视频营销，觉得那样做太 low（低级）了。

试想，如果一家企业从行政部门或者市场部门，象征性地找一个实习生或者最不受主管待见的边缘员工，拿着手机随便拍一些企业日常内容，然后毫无章法地上传到所谓的官方抖音账号上去，就算是在做短视频营销了吗？

肯定不是的！与其上传这样的短视频内容，还不如不做。如果要做，就得安排专门的、专业的、专心的首席视频官或者首席视频产品经理来做，而且，这位首席视频官还必须以做好企业主打产品的心态来做。

因为对于用户而言，再短的视频都是一个产品，都在消耗用户的注意力资源。既然是在占据用户的时间和眼球，那么，它就值得被认真地对待。

用产品思维来看待短视频的时候，我们就会对它有非常明确的定义：短视频是一种内容产品，是一种向用户提供某种解决方案的系列影像片段，它的根本目的是吸引广泛的用户注意力，并解决特定用户群体的某种需求。

具体来说，学习类的短视频可以解决用户记住英语单词、掌握驾驶技能或者扩大知识范围等需求，新闻类的短视频可以解决用户获取最新资讯、跟踪社会热点、了解国家政策等需求，娱乐类的短视频可以解决用户放松紧张心情、缓解疲劳状态、消磨碎片时间等需求。

不同的短视频类型意味着它们解决的用户需求不同，面向不同的用户群体，提供的解决方案也不同。

为了能够更好地满足用户需求，企业所设定的首席视频官就必须成为首席视频产品经理，他要洞察用户需求，了解用户特征，从用户的视角出发，与用户进行频繁的互动，持续输出用户认可的视频内容。

从本质上看，短视频市场的竞争是对稀缺的用户注意力的竞争，而产品思维的本质是倾听用户，而不是自我表达。所以，在做短视频产品的时候，首席视频官要时刻提醒自己“四要四不要”，如图 3-2 所示。

1. 要去问用户想要什么，不要去问自己想要什么；

2. 要去看市场上的爆款是什么，不要去看公司现有的内容是什么；

3. 要有持续性、专业性、新颖性和迭代性，不要表现得随意、业余、陈旧和僵化；

4. 要从用户中来、到用户中去，与用户同乐，不要“自嗨”、自以为是、自娱自乐。

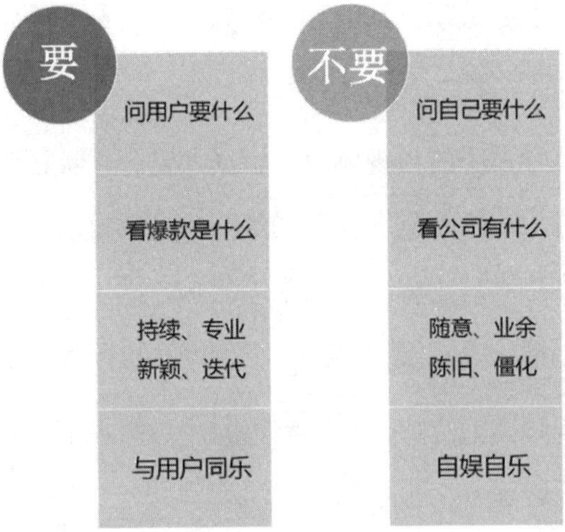

图 3-2　做短视频产品的“四要四不要”

服务思维：永远要记住你不是在自娱自乐

马云曾经就当下正在兴起的新零售做过一个非常发人深思的阐释，新零售在重新定义零售，从根本上它不再思考如何卖东西，而是学会怎么服务你的客户，怎么在每个消费场景中，都能更好地为消费者提供精准的服务。

在走过全国的很多省市、接触了大量的企业客户之后，我发现大多数的企业都还没有做到马云所说的这个境界。我们的很多企业其实还处在学习怎么卖东西的阶段，但优秀的企业都在努力学习服务好它的客户，比如海底捞。

这也恰恰是传统零售与新零售之间的本质区别，不是因为运用了最前沿的新技术就变成新零售了，而是因为它引领着市场和企业从销售产品转为了服务用户。

既然如此，我们的营销活动是不是要发生变化？我们的视频营销活动是不是要发生变化？我们的短视频营销活动是不是要发生变化？答案是肯定的。

三年之前，凤凰卫视副总裁、原央视广告中心主任夏洪波先生邀请我参加他们的一场闭门专家讨论会，主要探讨新媒体环境下的营销革命，在会上我提出了“媒介即服务，营销即服务，广告即服务”的理念，夏总及多位营销领域的大咖都表示认同。

在此基础上，结合最新的大数据、云计算、推荐系统、智能算法等前沿技术的发展趋势，我在《计算广告学》那本书中系统地阐述了“媒介即服务，营销即服务，广告即服务”的核心价值：运用最新的信息技术，在具体场景、用户需求、媒体内容和广告营销之间实现完美匹配。在本质上，这种完美匹配就是一种精准的信息服务。

这也就是马云所说的“在每个消费场景中，为消费者提供精准的服务”。

那么，这时候我们问自己：

我做短视频的目的是什么？是为用户提供更好的精神服务或者文化服务。

我做短视频营销的目的是什么？是为用户提供更好的物质服务或者产品信息服务。

我把各种最先进的技术应用到短视频营销中的目的是什么？是为了能够借助这些技术和数据，使我向用户提供的推荐服务更加个性化，更加符合用户的兴趣偏好和场景需求。

当你想明白这些问题的时候，你的短视频营销活动就会更像是内容，而不会更像是广告了。因为，你已经转变了自己的角色定位：过去，你要想尽一切办法，让用户购买你的商品；但是现在，你在想尽一切办法为用户提供更加满意的精准化服务。

事实上，马云对新零售的说法也印证了营销领域的那句经典名言："用户要的永远不是直径五毫米的钻头，而是直径五毫米的钻孔。"是的，用户在根本上需要的并不是实物产品，而是产品所带来的实际利益，以及让用户变为更好的自己的贴心服务。

摩拜把自行车变成了骑行服务；

滴滴把私家轿车变成了共享出行服务；

盒马把日用超市变成了更加便捷健康的时尚生活服务；

抖音把无聊的碎片化时间变成了更加丰富多彩的文化娱乐服务……

所以你会发现，用户喜欢服务，因为服务是个性化的、人性化的、定制化的，它从用户的角度出发，为用户着想，解决了用户的需求。

用户不喜欢广告，因为它是大众化的、机械化的、重复化的，它不是服务于用户，而是在向用户卖产品。

如果我们的短视频营销是在单纯卖商品，而不是在提供服务，那么它一定不会成功。当然，提供服务并不意味着我们就不再销售商品了，而是意味着我们通过营销服务，把商品信息推荐给真正需要它的精准用户，用户如果需要这种商品，他自己会主动购买。

销售商品与提供服务的本质差异就在于，前者是你想“忽悠”用户买，后者是用户自己想要买。

第 2 节　短视频运营的四大商业逻辑

站在企业营销的立场上，做短视频除了要具备用户思维、产品思维和服务思维这三大最基本的运营理念，还要非常清楚你的短视频运营逻辑与普通的 UGC（用户创作的内容，User Generated Content）逻辑完全不同，你要有非常清晰的路线规划和商业地图。

广告内容化：不以营销为目的的短视频都是“耍流氓”

2018 年 11 月 6 日，快手短视频平台举办了“快手卖货王”活动，该平台的数百个活跃账号以短视频和直播的形式参加了该活动，其中，拥有 4000 多万粉丝的、快手账户名为“散打哥”的超级主播成为 2018 年度的“快手卖货王”。

据媒体报道，他在短短 3 小时内就创造了 5000 万元的销售纪录：1 分钟售出 3 万支价值 19.9 元的两面针牙膏，总销量轻松过 10 万支；原价 119 元的七匹狼男士保暖内衣以 59 元惊爆价销售，十几分钟卖了近 10 万套；售价 658.9 元的小米红米 6 手机，1 万台秒售……

几天之后的“双十一”直播活动中，马云在与“美妆带货王”的挑战对决赛中，以 10:1000 的成绩败下阵来，而对方在短短 5 分钟之内就卖出了 15000 支口红。

这些令人怦然心动的数据，直接向我们揭示了为什么短视频和直播领域会在短短几年的发展时间中，就吸引了无数企业蜂拥而至——它真的是企业营销的一块热土啊！

而短视频或者直播形式的营销活动之所以能够取得巨大的成功，关键在于这种营销活动已经远远不只是一场营销活动了。它更像是一场内容盛宴，一场娱乐盛典，一场平台组织、KOL 引领、企业支持、用户参与的内容消费与产品消费嘉年华。

与其说一则短视频或一场直播是在卖商品，不如说它是在卖一种参与感和体验感，是在销售一种娱乐精神和消费文化，是在提供一次用户与 KOL 或者网络达人进行直接互动的服务。

而这些，才是灌注到短视频或者直播内容产品中的真正的稀缺性。传统的电视广告乃至视频网站广告，都无法提供与此类似的参与、互动、娱乐和狂欢等稀缺性硬核。

所以当企业准备实施短视频营销计划时，必须明确的一点就是，你是在做内容产品，你要在你的内容产品中注入某种稀缺性以满足用户需求，在此基础之上，你完全有理由大大方方、光明正大地——而不是鬼鬼祟祟、遮遮掩掩地——植入你的营销目的。

如果你的内容够真诚、够有趣、够新鲜、够稀缺，既能娱乐自己又能娱乐用户，用户又怎么会介意你加点营销动作呢？相反，一家营利性的企业，做出这么好的内容，如果没有点营销动机，用户反而会觉得你吃错药了吧？

内容 IP 化：打造有个性的短视频产品标签

把广告变成内容是企业进行短视频运营的第一步，接下来就是要把内容变成 IP。

如果仅从字面意思来讲，IP 其实就是 Intellectual Property（知识产权）的缩写，它并不是一个新鲜的概念。而内容的 IP 化也不过是说，我们要把基于知识产权的某一内容产品，进行多样化、多形态、多渠道、多媒体的有效开发，即行业里通常所说的“一鱼多吃”。

但是，当我们谈论短视频营销的时候，还要给它在原来的基础上赋予一层新的含义，以将它与传统的品牌概念有效地区别开来：

> 品牌是一种标识，它始终依托于企业所经营的具体产品或服务。
>
> IP 则是一种标签，它是一种价值观、一种人格、一种情感连接，是作者和用户的共同智慧所创造出来的具体内容，以及这些内容所吸引来的所有用户的共同体。

说到底，IP 最终追求的是价值认同和文化共鸣，它可以跨越群体、跨越形态、跨越时代、跨越文化而存在。

因此，以企业营销的视角来看，内容 IP 化更多的是要求企业从传统的品牌理念向当前的IP理念转变，不要满足于塑造一种产品标识或者服务标识，应该更进一步，对品牌本身进行内容化、视频化、IP化的深耕细作。

短视频营销在本质上是一种IP营销，短视频IP的四大关键特征是原创性、持续性、人格化和互动化，如图3–3所示，所以企业在这个过程中要充分重视以下几点。

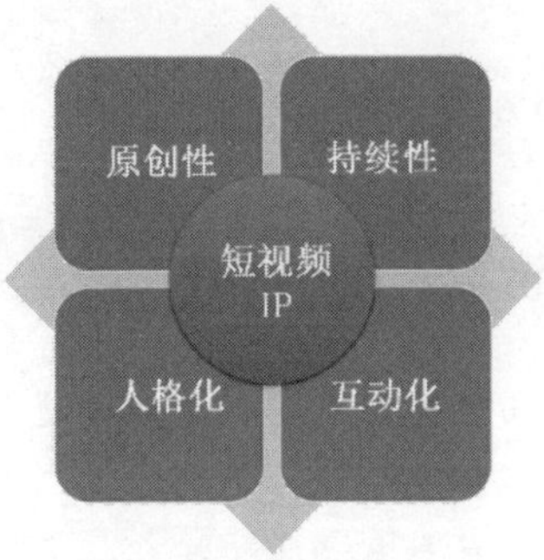

图3–3 短视频IP的四大关键特征

1. 把你的品牌或产品标签化、人格化、价值化，形成一种IP；

2. 打造用户喜爱的、与你高度相关的且真实可信的人设或IP形象；

3. 紧紧围绕你的IP，确保你输出的内容产品具有辨识性、持续性和稳定性；

4. 真诚邀请用户参与互动，让互动带来内容共创和价值共享，形成体验温度和情感深度。

通常情况下，打造一个企业营销类型的短视频 IP，大致需要做好以下几个步骤，如图 3–4 所示。

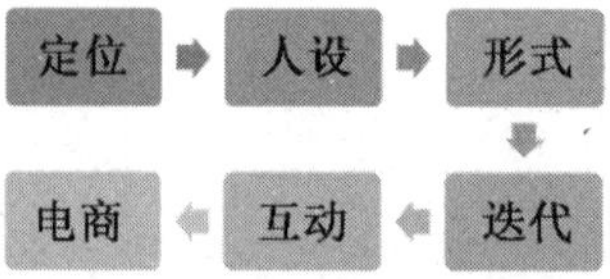

图 3–4　企业营销短视频 IP 的打造步骤

1．定位梳理；

2．明确品牌 IP 化的人设和形象；

3．确定 IP 的原态，也就是这个 IP 的主要呈现形式，在这里是短视频；

4．不断创造系列短视频内容，持续改进和迭代，充实 IP 的语言和行为；

5．持续与用户互动，形成有效的粉丝认同，激发内容共创和价值共享；

6．有效地与你的产品、品牌、服务或商业模式进行结合，尤其是在电商层面，力求做到为你的电商平台直接导流。

IP 电商化：短视频 IP+电商运营

对于短视频营销来说，IP 化是电商化的前提，电商化是 IP 化的必然结果。

没有 IP，就不能形成持续的内容输出和价值输出，也就不能形成具有一定规模和消费意愿的粉丝群体，电商化自然无从谈起。没有电商，就无法使前期形成的 IP 内容和粉丝群体的价值出口多元化，IP 本身最终也会因为商业模式不可持续而烟消云散。

事实上，“短视频 IP+电商运营”这一模式本身就是水到渠成的，它只不过就像我们在第 2 章中所说的那样，“给短视频加上了一个简简单单的营销动作而已”，从而使得用户可以“轻轻一点，轻松跳转”。

当然，这种模式在十年前智能手机刚刚出现的时候是行不通的，想必大家都还记得，当年智能手机上安装的各个应用程序之间是无法灵活跳转的：你无法通过点击某个链接或者点击“退回”按钮，在类似微信、抖音、京东、天猫等不同移动应用之间自由切换。

但是今天我们完全可以做到这一点，而且在跳转到相应页面完成购买之后，还可以退回之前的移动应用，回到你刚刚离开的页面上，继续从离开的位置观看你的短视频内容。甚至，为了防止用户离开，很多移动应用已经与各大电商平台打通，确保用户可以在自己的应用内直接完成购物。

这种短视频与电商的结合，由于不是直接弹出并铺满用户的整个手机屏幕的广告，而且是否点击链接跳转的主动权掌握在用户手中，因此，这种商品链接的出现对用户的短视频观看体验造成的伤害也较小。

今天，IP 电商化的操作已经非常盛行。远的如当年因《舌尖上的中国 3》而大热的章丘铁锅，尽管其购买程序比今天复杂很多，却可以做到电商网站上分分钟卖断货；近的如当前的各大视频网站、短视频平台等，都基本实现了“边看边买”的功能。

快手与有赞合作，进行“短视频电商导购”的尝试，同时“快手小店”功能允许每个主播开设自己的小店，在快手作品、短视频、直播等场景内，直接引导粉丝在快手 App 内进入有赞商家的店铺购物。

用户在美拍上观看短视频时，对应商品的链接会显示在短视频下方，粉丝可以点击进行购买，且不会中断短视频播放。

抖音早期上线的电商功能可直接通往淘宝的外链，但首批名额仅向百万粉丝级别的主播开放。后来抖音正式上线了店铺系统，用户可以进入主播个人主页的商品橱窗，如图 3-5 所示。目前，抖音已经全面开放了其购物车功能，除了可以链接自有店铺，还可以做淘宝客赚佣金。

图 3–5 抖音主播的商品橱窗

从当下短视频行业的发展状况来看，“短视频 IP + 电商运营”的商业逻辑具有成本低、回报周期短、产品类型丰富等特征，无论是各个平台上的流量主播还是企业开通的账户，在平台上与粉丝进行互动的成本都较低，粉丝购买商品，流量可以立刻变现，同时各大平台几乎都支持全类目商品的电商化操作。

电商场景化：场景就是精准流量

随着近几年短视频的快速崛起，我们会发现一个很有意思的营销现象：做内容的都在做电商，做电商的都在做内容。这也正符合我们前面所说的短视频营销的基本逻辑。

正是因为竞争如此激烈，精明的企业营销者便不能在完成了IP电商化的工作之后就去马尔代夫度假了，他还要再向前思考一点点，再向前多迈一大步，那就是把他的“内容+营销”和“IP+电商”场景化。

什么是场景？这里不给大家讲一堆看上去似是而非、让人似懂非懂的老专家定义，你只需要认真地想清楚你的用户或者粉丝多大年龄了、是男性还是女性、通常在什么时间什么地点会看你的短视频或者购买你的商品就可以了，这就是场景。

举个更容易看懂的例子吧。

我约了客户在国贸三期的咖啡厅谈事情，本来说好一起吃中午饭，但他临时有事走了。我打开手机上安装的大众点评App，因为它知道我的地理位置、消费习惯、口味偏好，所以向我推荐了我可能会喜欢的附近餐厅。其中一家连锁中餐厅显示会员八折，而我恰恰是它的会员，于是我就选择了步行300米即可到达的这家餐厅。

这就是场景。从类型上看，场景大致有如图 3–6 所示的四种。

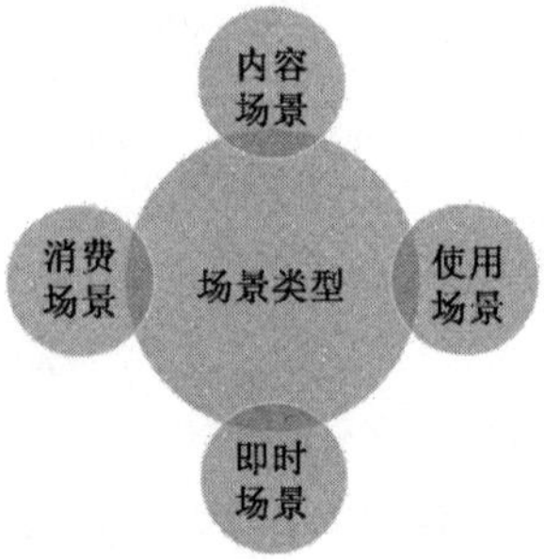

图 3–6 四种主要的场景类型

1. 内容场景：比如，用户是在抖音上，还是在爱奇艺上？他是在看一则搞笑有趣的短视频，还是在阅读一篇比较有深度的图文信息？

2. 消费场景：也就是用户通常会在什么地方购买或者消费你的商品，比如，有些用户喜欢去孕婴产品专卖店购买奶粉，有些用户则在电商网站上购买，还有些用户喜欢海外代购；再如，咖啡厅是一种消费场景，休闲书店也是一种消费场景。

3. 使用场景：用户会在什么情况下使用你的产品，比如，前文提到的章丘铁锅的使用场景通常是在自家厨房；再如，杜蕾斯通常会在特定节日（如情人节、七夕等）氛围下，强化它的网络营销活动，因为这是它的典型使用场景之一。

4. 即时场景：如前文中我的午餐，很多用户出了地铁扫码开锁骑车，我们使用地图进行导航，粉丝们边观看短视频边将商品加入购物车等，都属于即时场景。

当我们考虑到用户的年龄、性别、位置、消费习惯、所处状态、具体心情等越来越多维度的因素时，就能更加清晰地判断这位用户是不是我们的精准营销对象（数据和算法会帮助我们解决这些问题）。如果不是，就没必要在他身上投入过多营销成本；如果是，我们就要努力争取这一精准用户，使其产生真实的交易行为。

第 3 节　做好短视频的五大实操步骤

明白了“广告内容化—内容 IP 化—IP 电商化—电商场景化”的商业逻辑之后，营销人员通常都会迫不及待地开始动起来，打造服务于自身营销目标的短视频 IP 和电商体系。

在接下来的几章中，我们将分别从不同的角度讲解如何利用视频内容（尤其是短视频内容）提升营销效果、提高销售业绩。在本章中，我们只针对短视频产品的实操步骤做一个简明扼要的介绍，后面章节会就视频故事、引导转化、做好运营等环节做出非常详细的阐述。

做好短视频的五大步骤如图 3–7 所示。

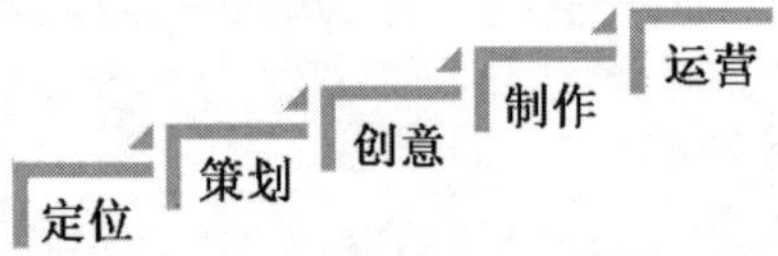

图 3–7　做好短视频的五大步骤

进行差异化定位

很多客户明确地表示，5G时代的短视频营销是企业的必争之地，但在面临如此激烈的市场竞争时，他们却非常迷茫：数以亿计的用户的涌入、各路资本的加持、竞争对手及跨界进来的潜在对手的参与，让很多企业变得越来越不自信。

这时候，企业必须对自身的短视频营销有一个清晰的定位，而且要时不时地回顾或适当调整一下这个“初心”，才不至于“走着走着就断了”。

定位首先要定的是短视频营销在整个营销战略中的位置，这件事情我说了不算，因为我是营销顾问的角色，最终拍板的是企业的营销高管甚至是一把手。

只有明确了短视频营销在企业营销战略中的位置，接下来的事情才是首席视频官的事情。作为首席视频官，你要决定你的视频产品应该做成什么样子。

去各大短视频平台看看，去问问你的同事，去想想怎么给你的内容注入某种稀缺性和差异化的东西，不要人云亦云、东施效颦。

定位，就是要奠定你在整个市场竞争环境中的地位，告诉别人，这一类型的短视频，我做的就是比你们做的好！

比如人民日报出品的短视频从来都不是段子搞笑类型的，也从来不用帅哥美女博眼球，它就是正能量的内容，就像图3-8中的这则案例一样。这就是差异化定位，这就是标签化输出。

图 3-8　人民日报的抖音短视频内容充满正能量

你的定位也是如此，找到优势，找到突破口。

好好策划一下

明确定位的过程，其实也是明确用户画像和用户喜好的过程。

这一点明确了，我们才能更加精准地展开内容创作与营销活动，从而更容易地吸引精准的粉丝并将他们变成真实消费者，实现长期的营销转化。

既然每一则短视频都是一个产品，那么我们就应该对这个内容产品所探讨的社会热点话题、涉及的相互冲突的观点、经过争论所形成的价值观输出及整个故事情节的起承转合进行精心策划。

因为内容本身才是决定它是否会引起粉丝共鸣的关键。只有引起了粉丝共鸣，他们才会讨论、点赞、分享，从而获取更多网络用户的注意力，并进一步将用户转化成粉丝，转化成现实的购买力。

当然，除了内容策划，还要对内容的投放平台、投放时间及与热点的结合等细节进行精心的策划。好的策划能让好的内容释放出它的真正价值，甚至起到事半功倍的效果。

创意，创意，还是创意

创意这件事，从本质上来说考验的是你讲故事的能力。它并不高深，用一句简单的话来解释创意，那就是“旧元素的新组合”，也就是说，把原来的秩序掰开了、打乱了、揉碎了、弄混了，然后再看看有没有更加有趣的排列组合。

看上去挺复杂吗？想一想你的产品，假如你是做剃须刀的，剃须刀最主要的功能就是刮胡须，你可以制作一则短视频介绍“××剃须刀的 36 种用途”，这就是把它原来的使用场景打乱之后重新进行创意。用户可能会喜欢上这则短视频，进而喜欢上你的剃须刀。

当然，你不能为了创意而创意，关键的问题是要考虑用户或者粉丝是不是喜欢你的创意，这个创意是否能叫好又叫座。

另外一种策略就是不断地制造转折和惊喜，让用户在看你的短视频时像在坐过山车一般，超出用户的预期，让他们破涕为笑或者大呼意外。

短视频的拍摄与制作

虽然我们几乎每个人都有手机，几乎每部手机都可以进行视频的剪辑和加工，但是这并不意味着我们每个人都能够做出优质的短视频内容来。

还记得如图 3-9 所示的陈可辛导演用 iPhone X 拍摄的这则短片《三分钟》吗？千万不要天真地以为你买一部 iPhone X 就能拍出这样的故事、制作出这样的效果。全国用 iPhone X 的用户多了，到目前为止也没有见到谁做出了类似的作品。

同样，也不要天真地以为那些短视频平台上的主播或者达人随随便便就成功了、爆红了、刷屏了。他们背后通常都有着专业的团队来拍摄、制作和后期加工，那些看上去“随随便便”的场景和内容，也绝不是随随便便的顺手自拍那么简单。

所以，如果企业真的想要在短视频营销上发力，那么在内容的拍摄和制作方面，请一定要赋予你的首席视频官以话语权，从而确保他所组建的视频小分队是专业的，而非业余的。

图 3-9　陈可辛导演用 iPhone X 拍摄的《三分钟》短片片头

运营是个技术活儿

有了优质的短视频内容，就等于成功了一半，剩下的一半还要靠运营。因此，运营工作是企业短视频营销活动中必须被充分重视的工作，也是首席视频官及其团队要下大力气做好的工作。

要做好运营，首先要掌握各大短视频平台的不同特点，它们在内容选择上有什么侧重，在推荐算法上有什么不同，在电商导流上有哪些差异等。

要做好运营，你还要非常清楚你的用户画像和内容画像是什么样的，你的粉丝都是从哪里来的，他们究竟为什么喜欢你的内容，你的账户后台反馈上来的这些粉丝量、转化率、销售额等数据究竟说明了什么问题。

要做好运营，你还要时刻关注网络上随时可能出现的热点事件和舆情走向，夸张点说，就连睡觉的时候都要睁一只眼盯着竞争对手的每一个新动作，工作日之外还要与短视频平台的大哥哥小姐姐共进晚餐，聊一聊是不是有更好的运营方式……

因此，虽然技术的确给予了每个人和每家企业都成为导演、成为网红、成为主播、成为 IP 的机会，但这并不意味着每个人、每家企业都真的能够在短视频红海中运营出一片新天地来。

CVO

第4章

成功的短视频都在讲故事

与短视频相比，视频广告之所以令用户反感还有一个非常重要的原因，就是不断重复。事实上，很多视频广告无论从创意层面还是制作层面来看，都是非常优秀的，用户看完之后也能会心一笑。

然而，一见会心、二见无心、三见烦心、四见闹心、五见恶心……不断地重复，使得视频广告已经成了人人见而避之的信息形态。原因有二：一是视频广告尤其是电视广告的制作成本高昂，企业不可能大批量地制作这类广告；二是电视台和视频网站的广告位（时段）购买机制相对僵化，媒体不可能每天更新这类广告。

但这两个理由对于今天的用户而言是毫无意义的，用户喜欢新鲜的、好玩的、从来没有看过的内容。而今天的状况是，90%以上的内容，对于 90%以上的用户而言，几乎都不具有值得他们重复观看的价值。无论是影视剧、纪录片，还是综艺节目、短视频，都更像是一次性的快消内容，看后即扔、阅后即焚。在这样的背景下，不停重复的视频广告愈发没有市场。

短视频则给了企业另外一种可能性：大幅降低单条视频内容的制作

成本，大幅增加视频内容的产出数量。这就意味着，如果企业将一条传统视频广告的制作和投放费用，转而用于短视频营销，这些预算有可能足够我们创作出上百条有趣的内容。

而实际上，这些成本并不高昂的内容之所以能够打动用户，完全是因为它的故事内核引发了用户的共鸣。在这个信息泛滥的世界中，用户能够记住的，除了与自己切身利益相关的事情，恐怕就只有故事了。

第 1 节　做视频就是在讲故事

用户的大脑是台故事接收器

视频是 5G 时代承载营销信息的最主要载体，电影是视频，电视剧是视频，综艺节目是视频，短视频是视频。当所有的视频形式和视频内容都在想办法占领用户心智、占据用户注意力的时候，谁能讲出一个好的故事，谁就赢了。

故事，尤其是能让人产生共鸣的故事，总是能调动人们的情绪，快速地拉近人与人之间的关系，甚至产生让人难以想象的巨大影响力，比如图 4–1 所示的相声演员于谦监制并领衔主演的小成本电影《老师·好》。

> 《老师·好》于 2019 年 3 月 22 日上映，排片占比 14.8%，首日票房 1657 万元。上映 5 天票房破亿元，上映第 6 天超过《比悲伤更悲伤的故事》，荣获单日票房冠军。就连之后上映的迪士尼大片《小飞象》，也没能阻挡其票房走势。这样一部小体量的冷门电影，

上映第 12 天后其排片率还一度逆袭到 21.5%，并在上映第 17 天后票房突破 3 亿元。

这部电影的猫眼评分 9.4 分，爱奇艺评分 8.9 分，豆瓣评分也有 6.9 分。而在此之前，德云社出品或者有德云社演员主演的电影如《相声大电影之我要幸福》豆瓣评分 2.9 分，票房 1791 万元；《欢乐喜剧人》豆瓣评分 2.6 分，票房 6685 万元；《祖宗十九代》豆瓣评分 4.2 分，票房 1.7 亿元。在很多用户看来，尽管他们很喜欢德云社的相声，但他们认为凡是德云社参与的电影几乎可以同烂片画上等号。《老师・好》则改变了这一刻板印象。

图 4–1　小成本文艺电影《老师・好》票房逆袭

可以说，电影《老师・好》的成功归根结底是因为故事好，尽管它的剧本还存在很多这样那样的瑕疵，但它的故事内核紧紧抓住了当前关于师生关系的社会话题，并引起了人们对于那些已经过去的读书时代、已经过去的老师同学的回忆。

人类的大脑，其实就是一台故事接收器。也许我们永远无法用电视广告式的狂轰滥炸去改变一个人的思维，或者去强迫他购买你的商品。但通过感性的故事，我们却可以感染和影响一个人，改变他的想法和行动。

畅销书《全新思维》的作者、美国著名的“趋势大师”丹尼尔·平克，曾说过一句意味深长的话：“未来世界属于具有高度感性思维的群体。”因为这样的人擅长讲故事，擅长用故事去营销自己的观点或产品。

故事可以拉近你与用户的距离

讲故事可以吸引用户的注意力，而单纯地做营销或做广告却有可能把用户吓跑。因为故事可以让用户放下防御心，广告却可能会让用户提高警惕。

5G 开启的视频大时代，是一个讲好故事与做好产品同样重要的时代！讲好故事是吸引用户的手段，做好产品是维系用户的法宝。只有好的产品而没有好的故事，得不到用户的青睐；只有好的故事而没有好的产品，可能会伤害用户的体验。

企业在做营销的时候，无论是要把自己的产品植入影视剧，还是想要拍摄一则能够形成话题的刷屏短片，或者干脆只想要通过抖音、快手的平台集聚人气，并将用户导流到电商平台，你都要利用最高明的策略，把产品有机地融合到别人的故事剧本或者你自己的短片脚本中去，在短短的十几秒或者几分钟之内，讲一个触动用户内心的好故事。

视频内容永远都比你的产品说明书更吸引用户，故事情节也永远都比店小二的吆喝更加精彩。

一个会讲故事的陌生人会很快拉近人们之间的距离，一个会讲故事的员工会更容易得到上司的器重，一个会讲故事的教授会更受学生的欢迎，一个会讲故事的首席视频官也能更加有机地、无形地将营销基因植入到视频中去，拉近他与用户之间的距离。

企业咨询顾问安妮特·西蒙斯在其畅销书《故事思维》中讲了一个关于故事的故事，我在这里把它引用到企业的视频营销中来并稍做修改，跟大家分享一下：

> 有个叫做“广告”的小姑娘来到一个村庄，她直接去敲村民家的门，但她的直白吓到了所有的村民，每个人都把她拒之门外。
>
> 当“广告”被一个叫做“寓言”的人发现的时候，她又冷又饿，蜷缩在角落里。“寓言”可怜她，把她带回家。在家里，“寓言”用故事为“广告”装扮，给予“广告”温暖并再次送她出门。
>
> 身着故事的外衣，当“广告”再次敲响村民的家门时，受到了热情的欢迎，被迎进了村民家。村民们让她烤火并邀请她在他们的桌子边吃饭。

我们现在的主要营销方式就是“广告”，而不是“寓言”或“故事”，我们的用户就是故事中的“村民”。只有学会用视频的方式讲好营销故事，才能有效地拉近我们与用户之间的距离。

你负责讲故事，用户负责消费

故事的价值在哪里？如图 4-2 所示，下面进行详细讲解。

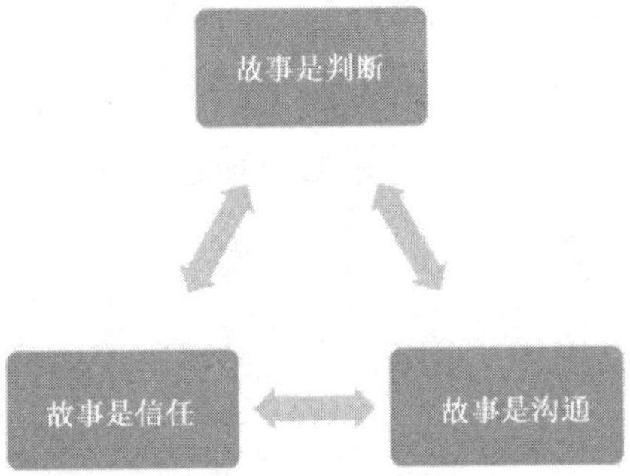

图 4-2　故事的价值

1. 对于用户而言，故事是一种判断

每个用户都是故事中的村民，他们不想听别人告诉他们什么该买、什么不该买，他们觉得自己知道自己想要什么。

相比起那些目的性特别强的营销活动和广告信息，用户更愿意相信自己的判断。而故事，就给了他们自己判断的余地和机会。

因此，那些资深的谈判专家内心都很清楚，如果他们能够在谈判中讲述一个饱含情感色彩的简短故事，他们就能更轻松地启发和影响对方，使对方自己得出谈判专家们更期待的判断或结论，从而完成高质量签约。

既然如此，我们在做视频营销的时候，是不是也应该在讲完故事启发他们之后，就把判断和决策的权力交给用户呢？

说到底，无论是谈判的对手，还是我们的用户，都对他们所面对的营销活动持一种怀疑态度，如果被吓到或者刺痛，他们会断然地拒绝或者激烈地反抗。

2. 对于用户而言，故事是一种信任

人是情绪化的动物，很多时候信任的产生，靠的不是数据的堆积，也不是空洞的说教，而是有血有肉的故事。

感染、影响、信任和行动，都需要故事的支撑。一个有意义的故事，会让接收者得出你希望他们得出的结论，会打开他们的信任之门。

人们并不喜欢冷冰冰、干巴巴的现成答案和广告，所以讲一个好的故事，去掉宣传和结论的部分，它就会悄悄地在接收者的内心深处生根发芽、开花结果。

这也就是近几年营销领域经常说的“种草”，我们用故事在用户内心深处把“草”种下，这样，就建立起了某种信任。

作为听故事的人，用户会不自觉地记住你的故事，并时不时地对它进行回放、对它进行思考、对它进行解释。如果你的故事还能引起用户的情感共鸣，让他们体验到诸如激动、慷慨、热情、严肃的情感，再辅之以良好的节奏，你的营销就成功了。

3. 对于用户而言，故事是一种沟通

在更加快节奏的 5G 时代，有的人用数字说事儿，有的人用图表说事儿，有的人用道具说事儿，有的人用比喻说事儿，有的人用结果说事

儿，有的人用提问说事儿，有的人用名人说事儿。但最有效果、最具影响力的还是用视频故事说事儿。

好看的、能打动人的营销视频，大多是蕴含着情感或者价值观的故事，它将这些无形因素与故事的细节、人物、事件和营销动机紧密结合在了一起。

讲故事就是施展一种魔法，在用户的心中植入一颗种子。当用户对你的故事着迷的时候，你就是魔法师，你就拥有了点石成金的魔法，你就建立起了自己与粉丝之间的连接关系和信任关系。

在建立起关系之后，才有所谓的沟通或者影响。你试图影响用户，同时你也可能被用户所影响，在这种以视频故事为媒介的沟通互动中，你与用户共同完成了内容 IP 的打造，以及企业价值的共创。

记住，是因为用户喜欢你的故事，他才喜欢你，喜欢你的品牌，喜欢你的产品和服务。

第 2 节 讲故事的三重境界、四个层次

“简史三部曲”的作者尤瓦尔·赫拉利在《人类简史》中曾说，智人之所以能够打败其他所有人种，是因为他们具有构建虚构故事的能力，因为在故事里，他们可以相互理解，达成合作。

《奇葩说》的制作人马东说，我们正在从文本思维向未来的影像思维转变。“单身狗”“剁手党”“迎娶白富美，嫁给高富帅”，当你听到这些词语时，你的头脑中马上会浮现出相应的画面。影像思维的一个重要特点是代入感，就是能很快将你带入某种情境和感觉中。在 5G 时代，这也恰恰是视频作为故事主要载体的精髓所在。

讲故事的三重境界

故事是人类历史上最古老的表达工具，也是当今最具影响力的工具之一。在 5G 视频时代，故事更是赋予了我们认识世界并改变世界的能力。

为什么八卦段子和短视频能够快速传播？因为它们是故事。

为什么有华人的地方，就会有金庸武侠的身影？因为它们是故事。

为什么故事比道理更具传播力及影响力？因为人的大脑天生就喜欢听故事。

美国前总统奥巴马曾说过，美国总统的一个主要职责就是持续地给美国民众“讲故事”。

当然，不同的人讲故事的水平也是不同的，大体来看，讲故事有三重境界，如图 4–3 所示。

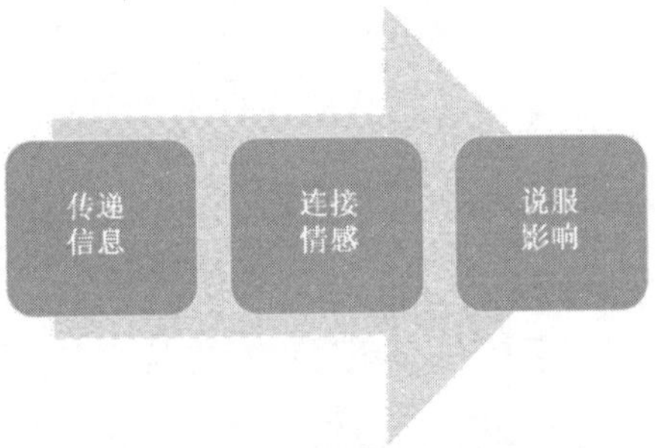

图 4–3　讲故事的三重境界

1. 第一重境界是传递信息

这个层级的特点是完整性，表现为我们能够完整地用视频的手段和方式，呈现一个故事脚本，或者复述出一段真实经历，让用户听懂看懂。它的基本要求就是，故事里没有丢失关键情节，是否有趣、是否有意义不是这个境界的必要条件。现实生活中，50%以上的人能够做到这一点。

2. 第二重境界是连接情感

这个层级的特点是情感性，让看你的视频故事的人产生情感共鸣是有一定技巧的，比如故事中有细节，这些细节会唤起用户感官上的反应；比如故事中有冲突，冲突更容易让观众产生代入感。这些技巧下文会提到，我们可以通过专业的学习进行训练。现实生活中，有 30%左右的人能够做到这一点。

3. 第三重境界是说服影响

这个层级的特点是时宜性。这个属于比较难具备的能力，要求你根据环境，合乎时宜地运用故事来说服和影响对方，如果没有大量的故事积累和技巧的训练，是达不到这个层级的。现实生活中，只有 10%左右的人能做到这一点。我们看抖音上、快手上那些真正能把短视频故事转化成产品销售量的主播，并不是轻轻松松就能做到的，但通过不断改进，我们完全能够提升自己讲故事的境界。

讲故事的四个层次

理解了以上讲故事的三重境界，接下来要知道，一个好故事需要把握住如图 4-4 所示的四个层次。

1. 第一个层次是顺畅

能让读者或听众从这个故事的第一个画面开始，能够坚持看完最后一个画面，并且知道故事在讲什么。

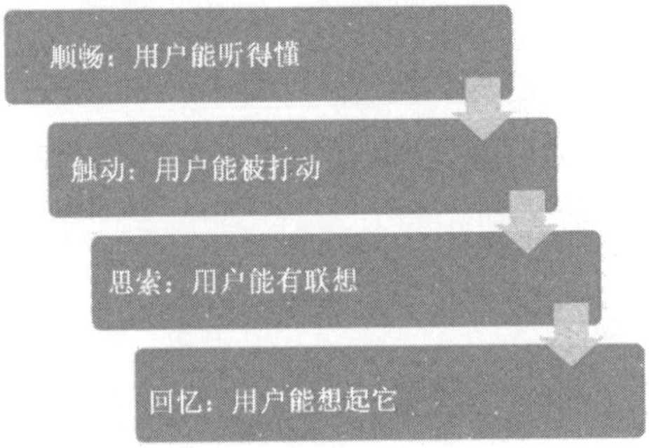

图 4–4　讲故事的四个层次

2. 第二个层次是触动

能让人在观看完你的视频故事之后，有所感，无论是伤感，还是喜感，一个好的故事，能触动人的内心。

3. 第三个层次是思索

能让人看完你的视频故事之后，思考这个故事、这个世界与自己的联系。

4. 第四个层次是回忆

能让人在离开这个故事后，甚至是很多年以后，也能回忆起这个故事的一些东西，那些打动了自己的东西，哪怕记不清是什么，只要回忆起当时触动了自己的那种感情就好。

好故事应该像好书一样，成为凿破我们心中冰封海洋的一把斧子。

好故事就像我们提供给他人的一款思维软件，一旦安装了，就会在合适的时候自己启动并运行，并且会自己处理数据。关于软件的这个比喻恰恰就对应着我们上文所说的故事的第四个层次。

第 3 节　怎么讲好视频故事

谁会讲故事谁就拥有世界。既然讲好一个故事有如此大的作用，那具备了什么样的要素的故事才算是一个好故事呢？

白岩松在谈到新闻故事的时候，曾经列出过以下几点思考：

第一，要明确，所有的故事主题都是人。新闻的核心是“人”，先有对“人”的关注，才有对新闻的关注。讲一千、道一万，人类所有文化产品的实质，都是在描写人和人性，从来没有偏离过。新闻的写作传播，就是一个写故事和讲故事的过程。我们要用个体的“人”，去化解宏大命题。把“人”的元素放进故事里，听者就会感同身受，就会以相同的情态沉浸在你的故事中。

第二，就是要寻找跟“今天”最有关联的话题。新闻人和受众之间的关系，很大程度上是由你的故事精彩与否决定的。你慢条斯理地去讲，观众没兴趣，可听可不听。但当你找出“当下”最具热点的新闻，马上就有了悬念，受众就来劲了。

第三，站在观众、听众的角度思考。要讲好新闻故事，有一个逻辑要求，就是站在受众的角度去思考，让他们通过这个故事，体验到喜怒哀乐等情绪、体验到悲欢离合等状态、体验到善恶美丑等道理，而不是反过来，站在自己的角度自说自话。

第四，通过细节找到直指人心的力量。我们常说，一篇文章写得“有血有肉”，细节就是文章的“血肉”。好的细节，会在聆听者产生倦怠的时候，将他再次带入故事。被细节牵引着的人，聆听的状态都是不一样的。

总结白岩松对新闻故事的四点思考，我们发现，其实无论是好的新闻故事，还是好的视频故事，都应该注意以上四大问题：人物、悬念、体验和细节，如图 4-5 所示。

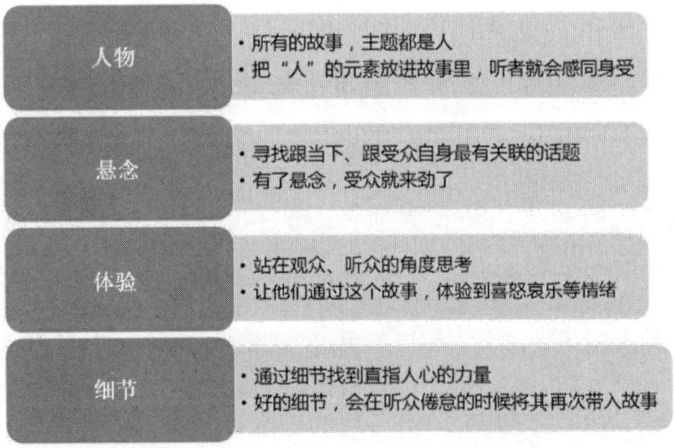

图 4-5 讲故事要注重的四大问题

你的主人公打动用户了吗

人物是任何一个故事的灵魂，无论你的故事是只有 15 秒，还是长达 15 分钟，甚至 150 分钟，一个好的人物能使故事脱颖而出，被用户记住。比如《啥是佩奇》中的爷爷、《老师·好》中的苗宛秋、《都挺好》中的苏大强、《延禧攻略》中的魏璎珞等，都是非常经典的故事人物。

但是很多时候，我们并不知道如何才能在故事里塑造出一个好的人物。很多故事中的人物都比较刻板化、脸谱化，千篇一律，坏人都是一个样子的，而好人都有“假大空”的问题。要塑造精彩的人物，就要做到如图 4-6 所示的“一忌二要”。

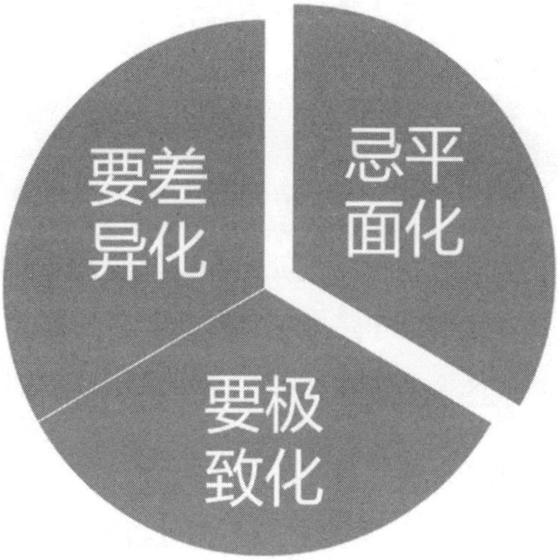

图 4-6　塑造精彩人物的“一忌二要”

1. 精彩的人物切忌平面化

在讲故事的时候，我们首先要清楚，每个人物都有其个性，以及某一群体的共性。

人经常是矛盾的，所以我们故事中的人物也应该是充满了矛盾性的，这样他才好看，才会面临两难的抉择，才有冲突，才会陷入戏剧化的情节中。

任何一个人都不是单一刻板的。单一刻板的人物吸引不了读者与观众。现实生活中的人也不可能是平面的，人在很多时候思想是充满了矛盾与冲突的。只有把握好人物的心态，将人物的心理冲突理解透彻，才能更好地定义人物。

人是有人性的，你的故事中主人公的一切，都要符合人性的发展，既要有人的闪光点，也要有人的阴暗面，如果一个人表现出来全是美好的，那么这样“高大全”的人物会让观众觉得太假。不符合人性的人物形象不立体，也缺乏吸引力。

2. 精彩的人物要差异化

故事中的人物需要有特色，这就好像我们做人要有特色一样。同为普通人，凭什么能让别人一下子就记住我们？是外表上我们有明显的特征，还是气质上我们的谈吐很优雅？

一个好的差异化特征能把整个故事都提升一个高度，外表方面如脸上的痣、瘸的腿或驼的背等，人物性格方面如极暴躁、极温和、极软弱、极强悍等。

大家一提到吝啬就会想到葛朗台，葛朗台这个人物的典型特征，就是小气、抠门，是个守财奴。

那么我们的故事要讲的这个人物有什么经典特征呢？

假如你的故事主人公的特质跟大多数人一样，那么你就得重新定义他的特质。假如只有小部分人的特质与他相同，甚至他就是独一无二的，那么，在讲故事的过程中，人们就会很容易被这个人物吸引并记住他。

3. 精彩的人物要极致化

在讲故事的时候，对人“贴标签”是一个很好的方式。要让人物显得不一样，我们就得给人物找到不一样的标签，并无限地放大它。

比如《欢乐颂》中的樊胜美。家庭有负担的人，会对樊胜美报以同情，当然很多人更会深入探讨一下她对原生家庭问题的处理方式是否妥当、她的职业规划是否合理、她的爱情观是否靠谱等。

我们要把人物的性格放大，通过环境衬托也好，人物的语言表达也好，动作特征也好，所有的这一切都是为了让人物更鲜明地活跃在画面上。

总的来说，有特征的人物才是好人物，性格鲜明的人物，才是故事所需要的人物。

故事因人物而精彩，人物因故事而闪光。无论故事的形式是什么，人物永远都是这个故事的核心所在。

故事中的人物，之所以能让人反复品评，一定是他们的饱满形象、丰富内心和言行举止照进了现实，引起了理解和共鸣。往深刻里说，我们在喜欢或者批评某个人物的同时，也是在反省自身。

你的情节中有没有悬念

所有的好故事都应该具备能够抓住用户注意力的悬念。悬念的本质是什么？其实就是一种明显的冲突，一种强烈的对比，一种巨大的转折。这是整个故事的关键要素。

用户之所以会喜欢看这个故事，是因为他在期待着一步步地去解开这个悬念，去化解某种冲突，去理解某种对比，去接受某种转折。

比如，二更出品的短视频，内容都很贴近生活、贴近用户，看上去就像是发生在我们身边的那些人和事，它迄今为止已经拍摄了 5000 多个生活在天南海北、承载形形色色命运故事的人物。二更还以短视频链接公益，先后摄制播出了《天梯上的孩子》《洗车行的喜憨儿》等 400 余部公益短片，荣获海内外 100 多个奖项，总播放量超 25 亿次，获中央媒体转发百余次。

我看过数百个二更的短视频故事，这些故事之所以能够给我留下深刻印象，就是因为每个故事都有一定的悬念，牵引着我点击并观看下去。

孩子们每天是如何攀爬峭壁的，他们如何在没有安全防护措施的环境下走完上下学之路？十几名有心智障碍的小伙伴们，是怎样艰难又快乐地为正常人进行洗车服务的？这些都是悬念。

这些短视频故事与我们习以为常的事物形成了鲜明的对比，它们似乎就发生在我们身边但我们却又极少真正关注它们，它们所传递的信息或价值观让我们重新思考某些问题。

找到某种对比，发现某种冲突，形成某种悬念，我们就为自己的故事情节增加了吸引力。因为故事是生活的隐喻，故事是情感的容器，我们需要知道，故事中的每一个事件、每一个动态，都意味着人物的生活和境遇发生了改变。我们关注别人故事中的悬念，其实也就是在审视自己生活中的冲突。

具体来说，这些悬念和冲突在我们的短视频中可以有如图 4–7 所示的几种形式的体现。

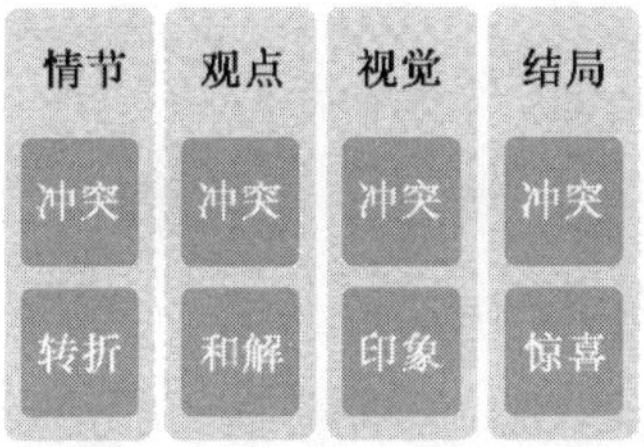

图 4–7　悬念和冲突的具体体现

1. 情节上的冲突与转折：比如事态的发展远远超出了用户的预期，人物的关系由好变坏或由坏变好，生活的节奏脱离了预定的轨道等。

2. 观点上的冲突与和解：比如原生家庭中的父母与子女就养育孩子或者赡养老人等问题的出发角度、基本理念和行为方式，都存在非常大的差异和矛盾。

3. 视觉上的冲突与印象：比如个子远远高于普通人的俊男美女，流浪大师剪发前后的形象对比，服装在风格和色调方面的视觉冲击等。

4. 结局上的冲突与惊喜：比如很多短视频故事都会在前面不断地铺垫，并在结尾抖出一个“包袱”，使用户获得一种意外的惊喜。

实际上，所有的故事都是由一个或者一系列事件构成的。我们每个人在生活中经历的小升初、中考、高考、大学毕业、结婚生子等，每一个生活事件都意味着改变。但是，所有看你短视频的用户都不希望看到一本流水账，他们希望讲故事的人能够带他们坐一趟刺激的过山车。

你的情绪是不是感染了用户

无论是在现实的社群中，还是在当前的移动互联网环境下，鲜明、强烈、极具感染力的情绪都是一剂“社交兴奋剂”，它能打开用户的心扉，促进用户之间的评论与交流，引导用户将承载这些情绪的内容进行转发和分享。

什么样的情绪更容易感染用户或者引起用户的情感共振呢？我认为大致有如图 4-8 所示的几类情绪点。

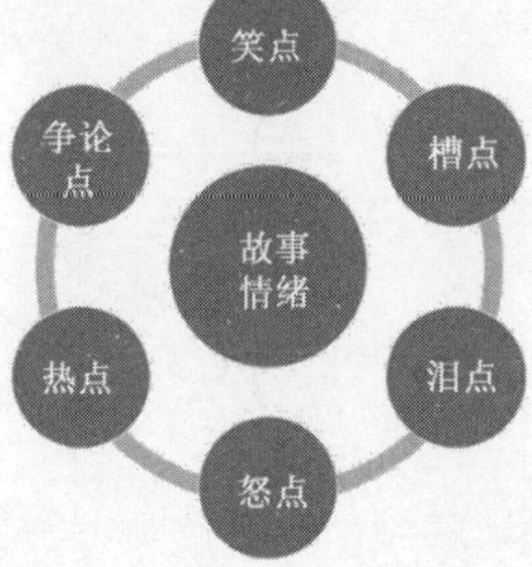

图 4-8　故事中的几类情绪点

1. 有笑点：能让用户笑出来的故事一定是个好的故事，所以你会发现很多搞笑类的主播账户很受欢迎，他们的故事也深得用户的喜爱。快节奏的都市生活中，用户需要这样的故事，让他微笑、会心一笑、开怀大笑、笑到肚子疼……

2. 有“槽点”：可以在你的故事中设计一些引发用户吐槽的内容，无论是主人公的发型，还是不合情理的情节跳跃等。吐槽代表了用户的一种参与感，他可以因为认同你的故事而吐槽自己的老板、同事或闺密，也可以因为不认同你的价值观而吐槽他所观察到的一些社会现象。

3. 有泪点：能让用户流下感动的泪水的内容，是真正走心的内容，创作者的制作很走心，用户的观看也很走心。如图 4-9 所示，台湾一家保险公司制作的 4 分钟短视频《爱的捉迷藏》曾经看哭了无数的孩子家长，很多次在给学生播放这则短视频的时候，我也还会忍不住鼻子一酸怆然泪下。

图 4-9　催泪广告《爱的捉迷藏》截图

视频中，患病即将离世的爸爸，在镜头前给年幼的女儿录了一段视频：爸爸和你玩了那么多次捉迷藏，每次都是一下子被你找出来，不过这一次，爸爸决定要躲好久好久，你先不要急着找我，等吃完十次蛋糕以后，你再问妈妈，爸爸躲在哪里，好不好？……爸爸要拜托你一件事，请你好好照顾妈妈，看你是不是比爸爸以前做得更好。爸爸想，我们这一次玩捉迷藏要玩这么久，妈妈有时候看不到爸爸，一定会偷哭，偷哭就是犯规，游戏就算输了哦！所以妈妈偷哭，你就要逗她笑，不然游戏输了以后，她一定会哭得更厉害。现在游戏要开始啰，要记得，爸爸好爱你，好爱好爱你，爸爸没有离开，只是躲起来，躲在我们家里。你准备好了吗？比赛开始了。

4. 有怒点：在微信、抖音、微博等平台上，引起公愤的内容或者故事也容易引发用户的情绪传染和分享传播，为什么呢？因为这样的内容激发了所有人内心深处的正义感和公平感，大家是在借这些内容来表达一种社会理想和社会期待。

5. 有热点：热点是在一定时间周期内，用户非常关注的焦点话题，这样的话题通常会自带流量。但是在跟热点、蹭热点的过程中，也一定要避免走入“为了热点而热点、为了流量而流量”的误区，这种做法无异于饮鸩止渴、自毁前程。

6. 有争论点：当前的社会是一个文化多样化和价值多元化的社会，不同的群体对待不同的现象，所表现出来的“三观”会截然不同，甚至会产生比较强烈的争论。有争论的视频内容容易引起关注，但同样要注意这些争论点的敏感性，不要在社会神经的“红线”边缘游走，否则极有可能误伤自己。

你的细节做得足够到位吗

除了人物、悬念和情感体验，做好视频故事还要注意很多细节问题。

比如，你是采用横屏的拍摄方式还是竖屏的拍摄方式？横屏有横屏的好处，竖屏有竖屏的优点，在决定到底采用什么方式之前，你可以根据你的内容类型进行 AB 测试，看看用户更喜欢哪种方式。

再如，你的音乐是不是与你的视频相匹配？合适的音乐能够渲染出你想要的某种氛围，怀旧的内容最好不要用快节奏的音乐，欢乐的视频则尽可能避免用舒缓的音乐。

又如，要最大限度地提高你的故事的辨识度，让用户一看到这个视频就眼前一亮。你还可以用旁白或者打水印的方式让用户记住你的昵称、Logo 等标签化的东西。

还有，保持正能量很重要，别动不动就像某些自媒体那样，讲一些令用户感到丧气或者绝望的故事，毕竟每个人内心从本质上都是阳光的、向善的，“毒鸡汤”无法做到“引导人、塑造人和鼓舞人”。

此外，还有各种各样的小细节，从演员的语速到后期的字幕，从内容的节奏到人物的道具，从产品的植入到用户点击后的着陆页等，这些小的细节都有可能影响你的故事，以及用户看完你的故事之后的消费转化。

细节决定成败。

CVO

第5章

从连接用户到转化为购买

很多营销人员乃至企业的一把手经常会有这样的疑惑：虽然短视频及内容营销模式近几年非常火爆，但它们是否真的能够在网购过程中抓住用户注意力、增加用户关注时长、提高商品转化率呢？

这一点，其实在较早之前京东发布的短视频数据报告中，就已经得到了证明。数据显示：京东商品短视频的用户观看平均时长为 51 秒，超过 25%的用户会主动观看，这能够提升 47%的商品页分享概率，高质量短视频可以将销售转化率平均提升 18%，有的商品的转化率甚至可以翻倍。

这些数据足以证明商品短视频在提升用户体验、促进高效转化方面的营销价值。而营销人员现在要做的就是最大限度地提升用户体验、促进消费转化。京东短视频数据报告中提炼的用户愿意看的、对用户购买有明显促进作用的主图视频类型如图 5-1 所示。

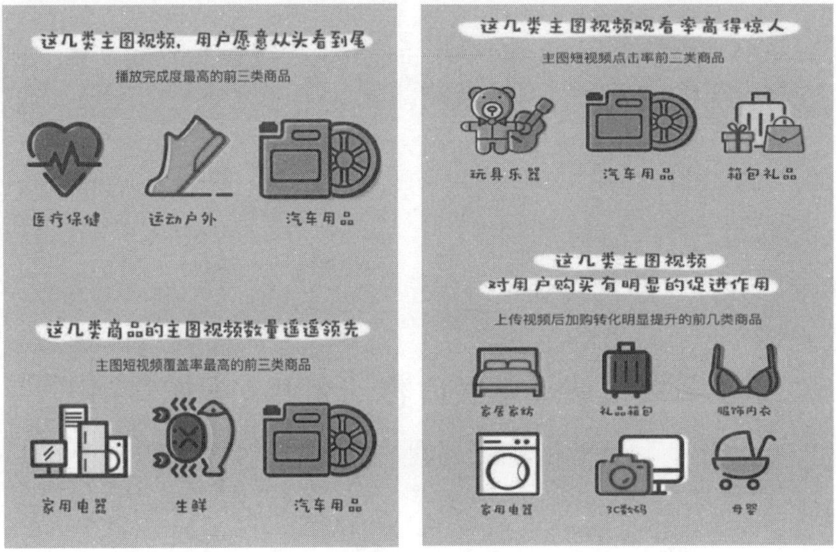

图 5-1　京东短视频数据报告（商品篇）

第 1 节　诚诚恳恳做内容，大大方方做营销

各大平台加码视频营销

无论是视频网站还是短视频平台，无论是网络媒体还是电商网站，都在通过合纵连横等各种策略，投注大量的人力、财力、物力在视频营销及短视频电商的赛道上。

1. 京东视频助手

京东不但联合二更、玩视频、味库、颜印象等视频服务商制作了超过 100 个不同类目的视频标准，而且还联合数字媒体技术提供商新奥特，推出了一个在移动端使用的拍摄剪辑工具——京东视频助手，其界面如图 5-2 所示。

这个动作意味着什么？意味着京东在为入驻自己平台的数量众多

的中小商家赋能。赋什么能呢？赋的当然是通过短视频内容提高购买转化率的能。

图 5–2 京东视频助手界面

有了拍摄标准，有了视频助手，就让那些原本觉得短视频设备要求高、拍摄难度大、花费成本高的中小商家彻底打消了顾虑，他们通过京东的简单教程，借助自己的智能手机就能轻松完成商品短视频的制作。

2. 淘宝短视频导流

淘宝向短视频倾斜的力度也非常大，最明显的一个转变就是，淘宝的商家短视频原来只能在自己店铺的页面上（也就是私域）被用户看到，但从 2018 年开始，这些短视频已经有机会从私域流转到公域，爱逛街、猜你喜欢及微淘等都开始抓取不同类型的商家短视频。但在此之前，公域只接受达人、红人产出的优质短视频，商家如果想在公域露出短视频内容为店铺导流，就需要和达人、红人合作。

3. 抖店助力营销

与电商网站的短视频化同步进行的，还有短视频平台的电商化。抖音官方陆续上线了一批诸如优惠券、扫码领券、开放购物车、超过 1 分钟视频权限、小程序、达人入驻星图平台零佣金等全新的功能。2019 年春节期间，抖音还试水了它的新营销产品——抖店。

> 抖店是针对本地门店推出的区域化营销工具。门店通过认领当地 POI（Point of Interest，兴趣点），可对专属页面进行编辑装饰。用户在上传短视频的时候，可以附带选择相应的 POI。门店可结合后续的发卡券等活动盘活线上流量，而门店及周边门店的“二维码贴纸”让用户可通过拍短视频领返券，再到店消费，从而形成闭环。

简单来说，可以理解为在抖音上开店，以店铺模式将你本地店面的基本信息（如地址、菜品、环境、优惠券、联系方式、定位等）呈现给抖音用户，并结合抖音的短视频推广方式，快速帮本地门店引流，如图 5-3 所示。整体来看，抖店能够满足线上开店诉求，助力线上“种草”和线下转化。

图 5-3　抖店的营销功能（2019 年 4 月 1 日愚人节活动）

4．优爱腾看好竖屏剧

优酷、爱奇艺、腾讯（简称优爱腾）等视频网站也看到了短视频所蕴含的巨大流量价值和营销价值，纷纷在短视频上加大投入。

2018 年爱奇艺世界大会上有一份数据引人深思，大数据显示，近年来长剧的弃剧率越来越高，45 集以上的电视剧，2016 年的观众弃剧率是 47%，2017 年是 50%，2018 年第一季度则高达 56%。

这个数据直观地反映出了一个非常现实的问题，那就是时间越长、体量越大、观看周期越长的视频类内容，被用户中途放弃的概率也会越大。相比之下，短视频因为具有短、小、轻、新、快等特征，反而使得用户更加容易轻松看完。

> 从最初《屌丝男士》的每集 20 分钟，到 2013 年《报告老板》的每集 10 分钟，再到 2018 年竖屏剧《生活对我下手了》的每集 4 分钟，视频网站对短视频剧集时长的要求越来越高。但从播出效果来看，《生

活对我下手了》上线当天单集热度就突破了 5900 点，点赞数高达 25 万次，上线三天后排名跃升至第一位，豆瓣评分最高时为 8.5 分。

实际上，与短视频内容结合的营销方式也更加灵活。《生活对我下手了》虽然每集仅有 4 分钟，但它依然获得了当下在 95 后群体中较火的小红书 App 的营销预算支持，其宣传海报如图 5-4 所示。毕竟，无论是从品牌冠名的角度，还是从营销植入的角度，短视频的各种内容形态与企业营销之间的结合，有很多新颖的方式可以探讨。

图 5-4　竖屏剧《生活对我下手了》宣传海报

把视频做好是促进转化的基本点

越来越多的平台开始重视视频本身，尤其是不同类型的短视频所蕴含的营销价值，同时也有越来越多的人加入短视频营销的队伍中来，这既是机遇又是挑战。好的地方在于，做好短视频内容有助于提升转化率，难的地方在于，如何在浩瀚如海的短视频产品中脱颖而出。

这又重新回到了我们一再强调的理念上：内容营销，先要有好的内容才会有好的营销。“用户喜欢看，愿意看，是促进短视频转化的基本点”，京东短视频负责人如是说，“做短视频不能只是迎合潮流，如果无法在短时间内提供有效的信息，准确吸引用户，短视频将会形同鸡肋。”

站在用户的角度考虑，什么是用户喜欢看、愿意看的内容呢？好的视频内容在满足了用户的碎片化阅读需求、基本的信息获取需求及社交参与需求的基础上，还应该具备如图 5–5 所示的四大特征。

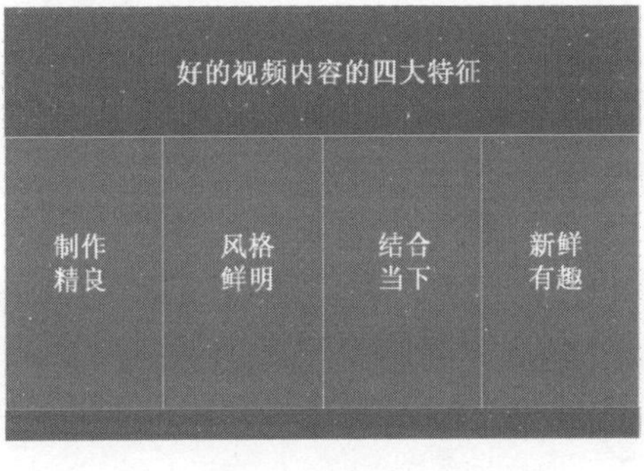

图 5–5　好的视频应具备的四大特征

1. 制作精良。用户喜欢看的不是他自己都能拍摄制作出来的东西，如果他拿着手机也能拍出来，为什么还要看你的视频呢？哪怕你是用手机制作的，也要表现出比普通用户更娴熟的手法、更专业的水准和更精良的制作。

2. 风格鲜明。要确定好你的内容风格是什么样的。内容风格应该像麦当劳的金拱门标志那样鲜明，只有这样，用户才能在快速更新的视频流中，在看到该视频的第一眼就想起你，也只有这样才能成功打造一个以营销为导向的内容 IP。

3. 结合当下。如何结合当下的社会热点、用户焦点、市场痛点去输出一些有趣、有料、有用、有调的好内容，是每个企业营销人员都必须认真思考的问题。

4. 新鲜有趣。新鲜的创意、新鲜的元素、新鲜的话题、新鲜的观点……这些都能够引起用户的关注和喜爱，很多新鲜的东西都是从年轻人群体发源，再逐渐扩散到社会各个年龄段或者不同阶层中去的。因此，要做好内容，就要多关注年轻人的文化或亚文化，并敏锐地找到其中可能引起一股潮流的点。

不要忽略了平台的需求

只关注用户的需求还不够，你还要关注平台的需求。你的视频不但要对用户而言是好内容，还要对平台而言也是好内容。因为从另一个角度来说，你的内容之所以成为受欢迎的内容，是离不开平台的认可和推动的。

就像我们所看到的一样，腾讯、爱奇艺、京东、天猫、抖音、快手等各种各样的平台，都隆重地推出了短视频内容扶植计划，有的声称用 10 亿元奖励短视频创作者，有的号称投入 100 亿元打造短视频电商生态。

这种情况下，你的内容符不符合平台的期望也就变得至关重要。

1. 平台的定位：随着各大互联网巨头先后进入短视频领域，以及越来越多垂直类的短视频平台相继出现，不同平台之间的差异化和垂直化发展将会越来越明显，大而全的视频平台与小而美的视频平台，都会更加明确自身侧重于扶持哪些类型的内容。根据平台的定位为它们量身定制差异化的视频内容，是企业在做内容营销矩阵的时候必须认真考虑的事情。

2. 平台的机制：尽管越来越多的平台都开启了智能推荐系统，会分析用户数据并以此作为向他们进行精准化推荐的依据，但人工推荐依然在内容运营尤其是内容营销方面，发挥着重要的作用。弄清楚平台的智能推荐算法，对于内容的冷启动至关重要，同时，了解平台的人工推荐规则与营销合作方式，也有着很重要的现实意义。

3. 平台的前景：平台关心你的内容质量，你当然也要关心平台的发展前景，因为大家都是"一根绳上的蚂蚱"。你要收集各种各样的一手和二手情报，用来判断你所布局的短视频矩阵涉及的各大平台，哪些还有潜在的红利，哪些已经快到穷途末路了，并以此为基础，对你在该平台上的投入进行增加或者削减。

所以，什么是好视频？一方面，用户喜欢的视频是好视频；另一方面，平台愿意推荐的视频是好视频。要同时满足这两点，你的视频才具备获取广泛关注并进一步实现转化的可能性。

第 2 节　如何做好转化

在 IP 孵化时就要考虑营销

我相信很多企业如果下定决心要做短视频营销了，那么他们的目的绝对不是为了好玩，也绝对不会三天打鱼两天晒网有一搭没一搭地做。因为，首席视频官或者首席视频产品经理你都砸钱挖来了，团队也搭建起来了，不出成绩不罢休。

既然要深耕，就必须找准自己的定位、形成自己的风格、打造自己的 IP。

对于大部分企业而言，做短视频营销的定位实际上是非常明确的，就是要做企业的官方营销号。今天我们经常听到“两微一抖”的提法，这些官方账号运营的基本目的就是为企业的整体目标服务。

当然，也有一小部分企业，可能会把这个官方账号定位为自身业务的一个新的孵化器或者增长点，使得它与企业的主营业务或者营销战略保持一定的距离。即便如此，我们会发现，其最终的目标仍然有着比较明确的营销色彩。

定位清晰了，就要决定自己的内容风格。通常来说，内容风格不是由企业老板或者首席视频官来决定的，而是由你的产品所面向的目标用户，以及你的粉丝群体来决定的。你的粉丝或用户是一群什么样的人、喜欢什么样的内容、有着什么样的价值观，你就应该打造什么样的内容。

如果你的目标市场是大众快消品市场，那么你的内容就应该更接地气一些；如果你的目标人群是大学生群体，那么你的内容就应该更潮流、更时尚、更前卫一些；如果你的目标市场是广大农村，那么你的内容就应该更多地关注三农热点话题，同时要散发着令人怀念的乡土气息。

最关键的是你在孵化这些内容 IP 最开始的阶段，就应该想好如何与未来的企业营销或者商业变现有效结合起来。也就是说，要为你的内容营销埋下伏笔，在 IP 孵化阶段就要考虑你未来的视频营销是由什么驱动的，如图 5-6 所示。

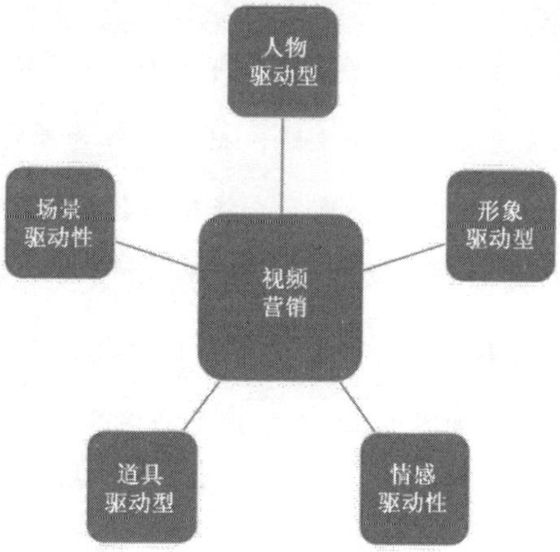

图 5-6　视频营销的几种驱动类型

1．人物驱动型的内容营销：这意味着你的内容IP要着重塑造一个或几个受到粉丝喜爱的“人设”，如知性美女、幽默大叔、呆萌青年……并把这种“人设”做到极致化，然后通过你塑造的这个人物，告诉用户什么东西更适合他们。

2．形象驱动型的内容营销：这里的形象主要是指外在形象，美妙的旅游胜境、典雅的装修风格、闪亮的颜值担当、精致的生活方式……这些都会引起短视频观众对于美好生活的向往，从而产生一种“我也想要这种形象”的需求，并进一步激发他们通过购买相应产品或服务满足这种需求的动机。

3．情感驱动型的内容营销：你的内容主要向用户诉说某种情感，通过情感的连接和共鸣，使得用户认同你所输出的价值主张和消费主张，如“二十岁之前的颜值是父母给的，二十岁之后的颜值是自己给的”等。情感的触动和主张的输出同样能够引导粉丝的购买力。

4．道具驱动型的内容营销：这是典型的植入广告模式，你可以把你的产品作为一个最主要的道具或者“梗”，让它时不时地出现在故事中，使得它从一开始就是整个内容IP中不可或缺的有机组成部分；你也可以完全以故事为主线，把产品作为单纯的道具偶尔露出，细心的粉丝会注意到它们，也完全能理解你的意图。

5．场景驱动型的内容营销：你的故事发生在什么样的场景下？这些场景用户是不是也会经常遇到？这种场景下的痛点能不能被转化成真实的购买？事实上，所有的产品或者服务都是在解决某种特定场景之下的痛点问题，将这种场景和痛点故事化和极致化，就能够有效引导用户的需求。

选题、策划与头脑风暴

只有在 IP 孵化阶段把你的营销目的和营销对象都考虑清楚之后，接下来的工作才能更加有效地开展起来。

选题直接决定了它可能会形成的点击量，而作为转化率的基数，较高的点击量通常意味着较多的真实购买。也就是说，转化并不是在运营的时候才实现的，而是在确定选题的时候就已经在一定程度上被决定了。

1. 选题时要学会换位思考

如何确定选题角度？不是站在营销人员的角度，先想好了内容与营销的结合点，然后再为了营销效果的实现倒推出内容；而是应该换位思考，站在用户的角度去发现选题，去思考在什么样的选题内容中，用户更容易接受营销信息，更愿意购买你的产品。

如果他观看这则短视频的目的是获取价值，比如学会某种技能或者掌握某种知识，你就应该选择一些展示性、步骤性或者知识性很强的话题，同时找到你要营销的产品与这些技能和知识之间的结合点，图书类或者教育类的产品就很适合这种选题。

如果他是为了了解最近发生的事件，那你可以做信息整合类的选题，比如民生新闻、娱乐新闻或者体育新闻。除了提供最基本的资讯功能，你还可以对这些事件进行深度分析，同时潜移默化地将你的产品与你的分析结合起来，这样能够加深用户对营销对象的记忆。

如果他是为了打发时间，你的选题就应该侧重于轻松休闲方面的内容。新奇有趣、搞笑好玩的东西，不但能够让用户放松心情，还可以让他放下戒备，更容易接受你在这些选题中涉及的产品和服务。

2. 选题内容应该和运营相结合

很多企业和自媒体都存在这样的问题，就是内容与运营相分离。这是可以理解的，专业的人去干专业的事，做内容的人应该花大量的时间把内容做到极致，做运营的人应该在短时间内获得良好的推广效果，最好一天增加五十万的粉丝才够给力。

但其实无论负责内容的人员还是负责运营的人员，都清楚地知道一个事实：优质的内容与优秀的运营是相互成就的，而顺畅的沟通机制与有机的结合方式则是促成这种相互成就的必要保障。说得直白一点，不懂运营的内容人员与不懂内容的运营人员都是有所欠缺的。

在选题策划会上，作为首席执行官，应该把分管内容和运营的团队成员召集在一起，进行淋漓尽致的沟通和讨论，让大家各抒己见，必要的时候还可以采用“头脑风暴”的方法，从创意、视觉、推广、互动等各种不同的角度，发现最有可能引起刷屏的选题。

> 头脑风暴法（Brain Storming）是由美国 BBDO 广告公司的奥斯本首创的，该方法主要由价值工程工作小组人员在正常、融洽、不受任何限制的气氛中以会议形式进行讨论、座谈，打破常规，积极思考，畅所欲言，充分发表看法，如图 5-7 所示。头脑风暴的参加者不应该受任何条条框框限制，要放松思想，让思维自由驰骋。从不同角度、

不同层次、不同方位，大胆地展开想象，尽可能地标新立异，提出独创性的想法。

图 5–7 头脑风暴示意图

3. 选题要有互动性和参与感

比起图文内容来，视频内容对互动性和参与感的要求更强，它最怕的就是你的故事中，主人公自己嘚啵个没完没了，“自嗨”得不行，却忘了屏幕前面还有几十万粉丝和更广大的观众呢。

所以你在做选题的时候，一定要把手机屏幕前的用户的感受和体验考虑进来，短视频的本质是内容，但它的重点既不在于“短”，也不在于“视频”，而是在于创作者与用户在参与和互动的过程中共创了内容和价值。

明白了这一点，在做选题的时候就可以紧紧围绕与用户的互动来架构你的内容，而这种互动元素的强化本身就是一种非常好的运营手段，因为几乎所有的平台都会根据互动量的增加而提升相应内容的推荐量。

具体来说，你可以选择一些互动性比较强的热点话题，比如学霸明星的学术造假、美女网红老师读错汉字、演员的天价片酬与社会责任等。这些话题有着广泛的群众基础和深刻的现实意义，同时无论是普通用户还是高知人群，都有权利和能力发表自己的看法，容易营造互动的氛围。

有了这些互动的话题，你还可以在视频内容中引导用户参与讨论，比如在屏幕下方留言、转发评论、扫码进入讨论区等。

除此之外，不时地穿插一些笑点和“槽点”，也能够在很大程度上增强内容本身的互动性和传播性。

时刻记住营销与内容的相关性

重要的事情说三遍，相关性，相关性，相关性！

1. 相关性就是要避免“内容营销两张皮”的问题

就在几年之前，企业还不需要自己赤膊上阵做内容。那时候的品牌总监比起现在的 CMO（首席营销官）要幸福和滋润得多，因为他只需要把营销费用按照年初设定好的预算计划投放给媒体就可以了，具体的内容是由媒体自己来制作的。

但是今天，这样的好日子一去不复返了。

事实上，早在十几年前刚刚进入媒体和营销领域的时候，我就提到过这个问题，那时候我的提法是“企业官网媒体化”，但彼时的企业很少真正注意到这个问题。后来微博微信的快速发展印证了我的判断，大家也开始了“企业官微媒体化”的进程。今天，在从 4G 向 5G 过渡的阶段，我的提法不再是“企业官抖媒体化”，而是“企业自身媒体化”，也就是整个世界的“泛媒体化”。

任何一个 CEO、任何一家企业、任何一名员工都在“媒体化”，当企业自己撸起袖子、扛起相机、建起团队搞视频营销的时候，“内容营销两张皮”的现象就会逐渐退出历史舞台。事实上，也只有在这样的氛围中，企业与用户之间的互动渠道才是直接顺畅的，企业能够更清晰地听到市场的声音，用户也能更及时地告诉企业自己的需求。

2. 相关性就是要恰到好处地完成营销植入

我们要更巧妙地在内容中为自己的商品或者服务找到一个最完美的位置。不要去做伤害用户体验的事情。

她在伤心流泪的时候，可以为她递上一张纸巾，她会感激你，但请不要说“来一张心心相印纸巾吧”，这样就未免有点太煞风景了。

因为她有可能知道你递给她的就是“心心相印”纸巾，即便她不知道，你也不必现在就告诉她，可以等她破涕为笑之后再告诉她，她也不会觉得突兀；甚至你不告诉她也没关系，她可能会反过来问你，“诶，刚才那张纸巾味道很好啊，是什么品牌的？能不能再给我买两包？”

营销有时候就像是汤姆和杰瑞的猫鼠游戏，看见了就会心生厌恶，看不见的时候还有点纳闷甚至是想念。做短视频营销，有时候把你的品牌变成一句像“百度一下”这样的台词就可以了，有时候把你的产品变成像摆放在茶水间的雀巢咖啡那样就可以了，有时候甚至你自己把它拿出来作为用户吐槽的一个“梗”也未尝不可。

3. 相关性就是要更加精准地匹配供需双方

营销要素与故事内容有了相关性还不够，还要考虑你的营销内容跟用户需求的相关性，把最合适的故事内容和营销信息推荐给最合适的用户，这就是推荐系统的重要价值。

它要求我们具有用户画像的能力，进行用户画像的前提是你要具备一定的用户数据，大数据也好，小数据也罢，你得有这样的数据，而不是凭空地想象你的用户会是什么样的人。

好在今天几乎所有的短视频平台和自媒体应用都能够为你提供一些最基础的用户画像，比如性别、年龄、地域、机型等，你还可以付费获取更详细的用户行为特征。这些数据与你自己多年积累的一手数据结合起来，在一些程度上就能够较为清晰地勾勒出你的粉丝画像和用户画像了。

比如你的用户群体以 18～30 岁的女性为主，她们主要分布的范围是云贵川地区，职业上工薪阶层居多，是抖音的深度用户，喜欢拍照、分享、社交……那么你在利用抖音短视频进行内容推广和营销执行的时候，就可以尝试着以“川普”为主要表达语言，以轻松幽默的内容为选题，以西南地区的城市上班族女性为付费推广的对象，使平台的推荐系统将你的内容更有效地推荐给这些精准人群。

好的用户体验能够有效促进转化

我们利用视频这一载体进行营销，其实是在与用户交朋友，在与他们进行聊天、互动，在讨论社会热点话题、交流彼此对某件事情的看法及进行更高层次的精神交往。所以我们应该时时刻刻告诉自己，手机屏幕前的那个人是我的好朋友，我是在给我的好朋友讲一个故事，或者推荐一件对他有价值的商品。

1. 对用户好才是真的好

试想一下，你会向你的朋友反反复复地推销一件商品吗？不会。你只是在与他交往的过程中，随便提了一下某件商品用起来的确体验很好，或者某个旅游景点的确值得去玩一玩。也有可能是他最近遇到了什么难题，你告诉他某件商品或者某家店铺能解决他的难题。

你与用户的关系就应该是这种朋友关系，视频内容是你们交往互动的媒介和情感关系的纽带，你怎么可以用赤裸裸的营销目的去伤害这种好朋友之间的情感呢？

如果你觉得什么东西真的是对用户有用的、有好处的、有价值的，你可以推荐给他，他也乐意为此埋单。但如果不是发自内心地对用户好，那你的用户难道感觉不出来吗？他又怎么可能愿意购买你推荐的商品呢？

2. 引导用户去购买

当然了，好的东西也要适当地去引导用户购买。为什么还要引导呢？因为这种需求有可能是转瞬即逝的需求，我们把这种需求称为“即时需求”。如果不能把握住当下的机会，鼓励用户完成从情感认同到购买交易的转化，他们很有可能在转过头去忙别的事情的时候，就把这种即时需求忘得一干二净了。

所以你应该对用户进行适时的提醒，方式可以有很多种，但请记住，不要打扰用户的观看体验。你可以在手机视频的画面上弹出一个非常小的弹窗，把他引导到站内的购买页面上去，如图 5-8 所示；也可以在视频快要结束的时候，提醒他“直接点击去看看详情”；还可以告诉他“轻轻一点，先放进购物车，万一哪天需要呢”；更可以直接发送给他一张 8 折的优惠券……

图 5-8　引导用户在观看视频的时候点击购买

3. Keep it Simple，Keep it Stupid

你应该引导用户以最简单的方式、最“傻瓜”的方式完成购买。因为，只要是复杂的操作和麻烦的程序，用户就会望而却步，甚至会被直接吓跑。Keep it Simple，Keep it Stupid 的原则就是告诉你，能一键购买的就不要让用户点击两三次，能在站内完成的动作就不要让用户跳出去到别的应用，能在观看页面就搞定的事情连跳转都别设置了。

有一项调查显示，如果用户在两秒钟之内无法打开一个网页，那么他很可能会马上关掉这个页面。放在移动端的环境下，用户的耐心恐怕会更有限。

对此我深有体会，前两天一位深圳的朋友给了我一副骨传导耳机，听着很“黑科技”的感觉，但打开说明书一看我觉得很麻烦，看上去足足要设置十分钟的样子。于是我就把它扔在办公桌上一周多没动，直到朋友催我让我谈谈这个产品的使用体验，我才坐下来按照说明书的步骤尝试了一下：第一步耳机开机，第二步手机打开蓝牙，第三步两个设备配对。其实只花了不到一分钟就搞定了，但说明书却把我吓到了，以至于放在那里我一周都不想动它。

那么请问，你有没有吓到你的用户，让他觉得购买你的商品程序简直太复杂了、太麻烦了？如果用户真的产生了这种感觉，他怎么可能不逃之夭夭呢？

CVO

第6章

内容驱动+数据赋能+场景匹配

5G 时代的视频内容正在重构“人—货—场”之间的关系，而全新的生产消费形态和营销模式离不开“内容驱动+数据赋能+场景匹配”这三个关键而有效的实操方法，它们共同推动着企业在内容生产和品牌营销过程中，与用户建立起有效的连接并最大限度地提升营销的效率和效果。

第 1 节　好的视频内容是成功的引擎

一个关键点：感性决策

我们希望视频内容能够像图 6-1 所示的那样发挥营销作用，实现“人—货—场”的关系重构，所以就必须明白一个非常简单的道理，那就是你的视频内容能够起作用的关键在于——它是在跟用户进行感性的对话和情感的交流。

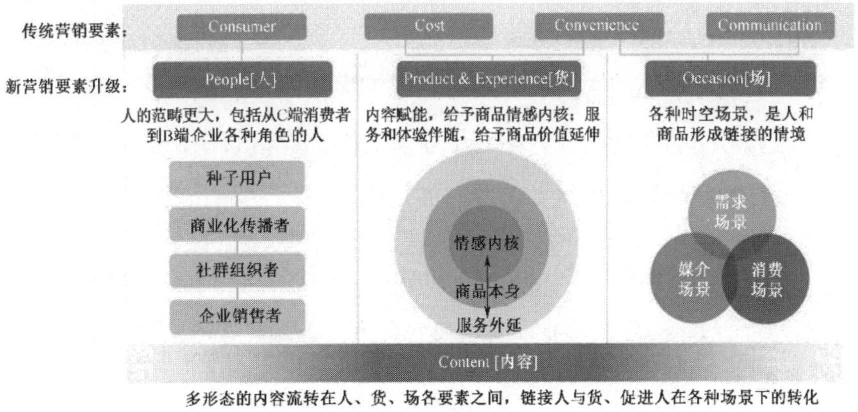

图 6-1　内容驱动的“人—货—场”关系重构

资料来源：中国传媒大学广告学院《2018 新营销白皮书》

不要用纯理性的思维与你的用户对话，尤其是当这种交流从以图文为主转变为以视频为主之后，更是如此。用户可能会声称自己是一个理性的人，但请你在做视频内容的时候不要去相信这种声称。

如果用户真的是理性的，那么无论是淘宝还是京东，亚马逊还是唯品会，都不可能每天卖出数以亿计的商品。

因为从理性的角度来看，用户并不真的"需要"他们所购买的那么多商品。但又有什么办法呢？他们看见了这件商品，产生了某种强烈"想要"的欲望，就是我们在前面章节中所提到的 Desire，这种"想要"可不是用户经过理性的判断和客观的计算而得出来的。

所以，内容驱动营销的一个核心点就是要把这种情感连接和消费转化诉诸用户的感性大脑。用你的影像、对话、情节、音乐快速地拉近与用户之间的关系，把你变为他的好朋友，建立起某种情感上的信任，从而激发起用户强烈"想要"的欲望，压缩购买路径和决策时间，在最有利的时间点上满足他们的瞬时需求和情感冲动性购买欲望。

事实上，在快节奏的都市生活和碎片化的内容消费背景下，今天的用户，无论男性还是女性，在满足了吃饱穿暖这种最基本的生理需求之后，他们的冲动性购买行为都有了显著的增加。这其中，他们所阅读或者观看的内容产品，起到了重要的催化作用。

冲动性购买行为（Impulse Buying）与计划性购买行为相对，是一种自发的、无意识的非计划性购物行为，而且具有一定的复杂性和情感因素。

相对于计划性购买行为，冲动性购买行为是一种突然发生的、具有一定强迫性的、享乐主义的复杂购买行为。购物决策行为的快速性妨碍了消费者对各种信息和可替代的选择进行理性思考。

冲动性购买行为有如图6-2所示的四大特征：(1) 冲动性。即突然涌现出来的一种强烈的购买欲望，而且马上付诸行动，这种行动和常规的购买行为不同。(2) 强制性。即有一种强大的动力促使顾客马上采取行动，在某种程度上顾客一时失去了对自己的控制。(3) 情绪性。即突然的购买动力常常伴随着激动的或是暴风骤雨般的情绪。(4) 不计后果性。即促动购买的力量是如此强烈和不可抵挡，以至于顾客对购买行动的潜在不利后果很少或根本没予以考虑。

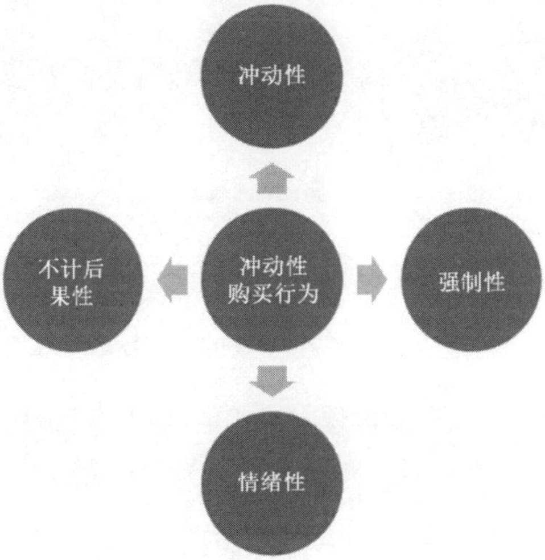

图6-2 冲动性购买行为的四大特征

两种视频要素：情绪型要素与信任型要素

为了影响用户的感性大脑并让你的产品占领他们的心智，最终使之向着我们期待的冲动性消费转化，就必须在你的视频内容中精心且巧妙地注入两种要素：情绪型要素和信任型要素，也即共情性内容和信任性内容，如图 6–3 所示。

情绪型要素包括有意思的人物设置、好玩的情节对白、鲜明的价值立场、强烈的情感渲染、真诚的心声吐露，你可以表达喜怒哀乐等各种情绪，用它来与用户建立起直接的情感连接，形成共鸣、共情或者共振，并逐渐拉近你与用户之间的距离。

图 6–3　共情性内容和信任性内容

信任型要素包括专业的形象、真实的数据、严谨的逻辑、有用的建议、成功的案例、用户的口碑、客观的评价等，此类要素的作用是强化用户对你及你的产品的信任，毕竟谁都不想购买一件自己持怀疑态度的产品。

当你与用户之间建立起了某种情感连接和信任关系之后，在一定意义上就意味着你已经打通了从内容向消费转化的“任督二脉”，能不能真正促成用户的冲动性消费行为，则主要看你与他之间达成的这种情感共振是否足够强烈，以及信任关系是否足够可靠。

2019年小红书跟美的小家电首度合作，开启了一轮“短视频+图文”的营销攻略。美的“一人食”小煮锅的消费群体基本锁定在热爱美食的学生党或精致独居女白领，这与小红书覆盖的用户基本吻合。

执行过程中，遵循“找到—挖掘—触达”的传播计划。首先通过海量红人库甄选优质KOL进行精准匹配，筛选出小红书美食达人“定食大爆炸”“可多美食记”“阿末的美食日记”等，然后挖掘吸引用户关注的内容和创意，最后触达核心人群。

其中，“定食大爆炸”通过有趣、让人有食欲的精致画面展示出当前小红书最热的“办公室迷你部队火锅”的做法，尽可能全面地让用户更直观地了解美的小煮锅的产品卖点信息，并引导用户完成购买转化。

在这个案例中，“办公室迷你部队火锅”作为小红书上的热门话题，就是一种能够很快拉近产品与用户距离的情绪型要素，它很容易形成用户与内容之间的话题共振和情感共鸣；而它所选择的有一定影响力的美食博主或达人，便是一种信任型要素，他们能够强化用户对于内容及内容中所出现的产品的信任。

这里需要注意的是，信任型的要素并不等同于理性的要素，哪怕你在视频内容中使用了很多看似理性的数据或者专家建议，你所使用的这些要素最终依然是诉诸用户的感性大脑。因此，信任型的要素归根结底还是为了实现情感的共鸣，让用户产生冲动性的购买行为。

三大实操方法：内容共创、品效合一、矩阵输出

用内容驱动产品营销，在具体的操作层面主要涉及三个问题：（1）视频生产层面上，如何从“自嗨”型向共创型转变？（2）视频内容层面上，如何将内容要素和营销要素有机地结合起来？（3）视频分发层面上，如何建立一种长期有效的分发机制？

内容共创的重点是发动用户参与到视频的创作、评论和分享过程中来。在实际操作中大致可以采用如图 6-4 所示的几种方法。

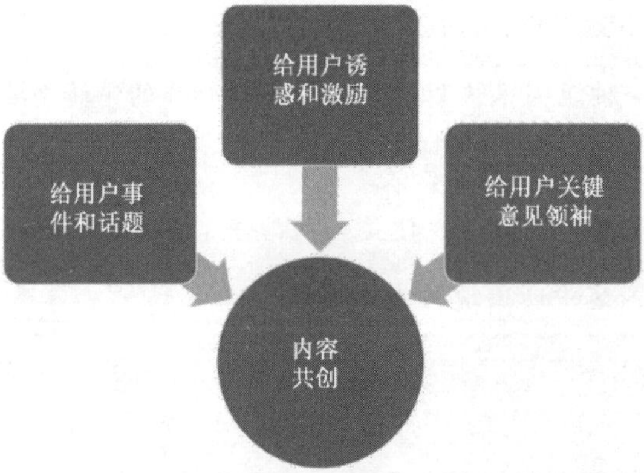

图 6-4　内容共创的几种方法

方法一是给用户一个事件或话题，用户喜欢就热点话题自动自发地展开内容创作。

方法二是给用户一些诱惑和激励，冲动性购买行为非常明显的一个特征就是容易受到利益的诱惑而购买，同样地，他们也会受到激励

而创作，因为这种创作同样会促进他们的购买。

方法三是给用户一些关键意见领袖（KOL），榜样的力量是无穷的，粉丝们会很乐意参与到跟明星或达人的互动过程中去。

当然，为了实现这种内容共创，你还要为用户准备好各种各样的物料，比如简单易操作的创作工具、视频拍摄和加工助手、内容素材库、视频生产所需要的情绪型要素和信任型要素、产品详细信息及其周边衍生素材等。

具体到视频内容的共创过程，要注意的问题就是最大限度地实现“品效合一”，或者说是“品效融合”。也就是说你的视频内容要把品牌、产品、销售等营销要素有机地与内容要素结合在一起，同步传递给用户。这样，就可以做到在吸引用户关注的同时，也提供即时购买的消费入口给他们。

在具体形态上，内容需要“头”“腰”“腿”齐备，一站式完成对消费者的“话题吸引、产品认知、下单购买”等多级任务的部署，使传播、销售顺畅衔接。

头部内容一般依赖话题性，在极短时间内抓人眼球。

腰部内容主要是介绍产品或服务信息（详情、测评、价格、售后服务等）。

腿部内容提供购买转化入口，如二维码、微店链接、小程序或购物车小标等，通过便捷友好的方式，尽可能提升转化效果。

在完成了内容制作之后，对内容分发的工作也需要有一定的规划，简单来说，内容分发体系要能够基本达到这样的状态：

首先，你的分发平台应该是多元化的而非单一化的，应该是矩阵式的而非散点状的。

其次，你的分发群体应该是多层级的，除了面向用户，还可以面向产业链上下游、关键意见领袖（KOL）、各种类型的相关媒体、不同平台上的社群组织者等。

最后，你的分发频率应该是有路径、有节奏的，要确定时机、确定频次、确定扩散路径等。

以上这些都能帮你建立起一套长效的视频内容分发机制。

六字真诀：短、小、轻、薄、新、快

短视频内容的六字真诀及其关键点如表 6-1 所示。

表 6-1　短视频内容的六字真诀

真诀	关键点
短	在最短的视频时长内，最有效地讲好故事、做好营销，不要让你的视频像一百年前老太太的裹脚布那样，太长了就不容易留住用户
小	话题不要太大，太大容易变成“假大空”；要有聚焦，要小而美，这样才能有情感、有价值观、有用户共鸣
轻	内容别太沉重，要轻松。没有多少用户是为了受教育才来看短视频的，他们希望不带心理负担地看完你的视频
薄	让你想说的东西像一层薄薄的透明保鲜膜或者窗户纸那样，一看就能看透，一戳就能戳破，用户可没有工夫看十几秒视频却去花二十分钟猜想你要表达什么
新	视频内容要新鲜、新颖、新奇、有新意，毕竟猎奇心理是几乎每个人都有的
快	热点转瞬即逝，话题转眼就没，你的视频终归是在移动互联网上传播的，互联网领域非常重要的一个法则就是——唯快不破

第 2 节　用大数据为视频赋能

从“用户群体素描”到“用户个体画像”

在没有大数据技术和大数据思维之前，像电视剧、电影、综艺节目、电视新闻等视频类内容尽管也非常受欢迎，但无论是制片人、导演、编剧、记者还是主持人，都没办法清清楚楚地知道究竟是谁看了自己制作的内容。

媒体不知道自己的受众是谁，企业不知道自己的用户是谁，广告公司其实也不知道他们为之拍案叫绝的营销创意是不是真正地触达到了受众或用户。这可怎么办呢？

为了让营销活动看上去不是那么盲目，市场营销专家们发明了 STP 策略：

市场细分（Market Segmentation）；

目标市场（Market Targeting）；

市场定位（Market Positioning）。

这三大要素，构成了经典大众媒体时代的营销战略基础。

说得更浅显一些，就是企业用最基本的数据维度对市场进行细分，根据如图 6-5 所示的用户年龄、地理位置、社会阶层、行为细分等基本维度，横切三刀竖切两刀，就得出了一个细分格，每个细分格代表一个细分市场。

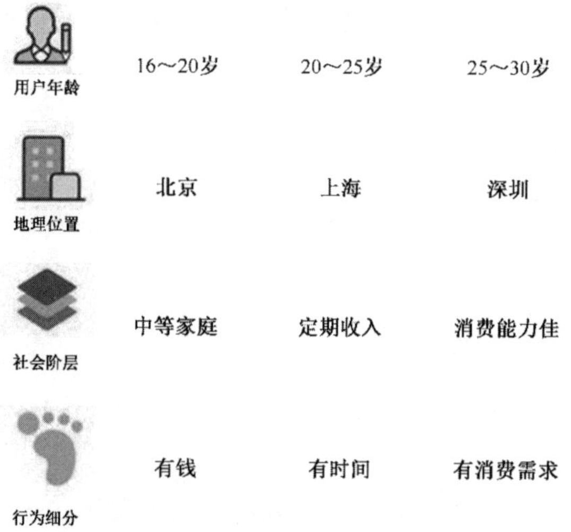

图 6-5　进行市场细分的基本维度

A 企业选择了右上角那个格子，这个格子就是 A 企业的目标市场。

针对这个目标市场的需求，A 企业给自己的产品赋予某种功能定位、外观定位、价格定位或者其他属性的定位。

A 企业要对它的目标市场进行营销，但他并不了解这个目标市场所覆盖的 5000 万人口，比如这些人平时喜欢看琼瑶剧还是修仙剧，喜欢看湖南卫视还是黑龙江卫视，喜欢白天看还是晚上看。因为只有确定了这些，我们才能更有目的性地向他们投放营销信息。

于是，就有了市场调查公司，它派出几十个问卷调查员（著名的广告大师奥格威就曾经在盖洛普调查机构做过调查员的工作），按照统计学宣称的科学的抽样调查方法，选取 1000 名或者 2000 名目标用户，当街或者入户展开问卷调查，然后据此得出一份看上去有理有据的市场调查报告。

说句真心话，请问这样的调查报告能令你信服吗？往往广告公司提供给企业的调查报告，以及调研公司提供给媒体的收视率数据，都是这么得来的。

其实关于这些数据的真实程度，各个利益相关方都有一个心照不宣的态度：不管你信不信，反正我是信了。

但对于这样的数据，不管你们信不信，反正我是不信。

试问，通过 2000 份调查问卷得出来的结论，你的调研方法再怎么“科学”，恐怕也不能代表 5000 万人口的需求吧？

所以，通过市场调研得出来的“小数据”，能干的事情就只有对我们的目标市场进行“用户群体素描”。

怎么个素描法？就是要给你画出这个用户群体的共同特征：他们都有鼻子有眼有嘴巴有耳朵，他们都是男的，他们都是北方人，他们都喜欢看赵本山的小品或者听郭德纲的相声。

然后呢？然后？然后就没有然后了呀。这就是“用户群体素描”，你能画出来的这个素描，看上去既像老王又像老李，但既不是老王又不是老李，因为你画的是一个群体的素描。

大数据技术和思维，使我们能够有机会把“用户群体素描”转变为“用户个体画像”，你可以相对比较精准地为每一位用户画一张肖像了：

老张是瓜子脸，喜欢抽烟喝酒烫头，经常在抖音上关注那些搞笑视频；

老李是国字脸，喜欢明星娱乐八卦，之前是卓伟的铁杆粉丝，现在自己成了快手主播，有 200 万粉丝，每天生产 2 条与娱乐圈相关的视频内容……

大数据技术使我们能够以较高的效率和较低的成本，获取用户的基本信息（如性别、年龄、地域、职业等）和更加丰富的多元信息（如兴趣偏好、性格特点、媒介消费习惯等），这也就意味着几乎所有的用户在线数据都是可以被跟踪、记录和存储的。

老张在第几分钟就弃剧了，老王重复观看了几次这则短视频，老李是不是因为看了与故宫相关的纪录片才去故宫淘宝店上买了某件商品等……大数据所记录下来的每位用户的每个动作，都有助于我们对他进行更加精细的“用户个体画像”，如图 6-6 所示。

图 6-6　标签丰富的用户个体画像（字体越大，特征越明显）

基于大数据的视频推荐算法

因为有了大数据，原来无法开展的商业模式变得很简单，原来无法看清楚的目标市场中的每位用户变得更清晰，原来无法执行的精准营销和个性化内容推荐成为可能，原来无法服务到的用户变得触手可及。

事实上，尽管大量用户依然并不清楚他们为什么会看到这条短视频而不是那条短视频，但是他们在视频内容的消费过程中已经离不开大数据了。正是因为有了大数据，有了更加清晰的用户个体画像，针对不同用户所进行的个性化视频内容推荐才有了实现的可能。

今日头条推荐的小视频内容，抖音、快手推荐的短视频内容，新浪微博推荐的各种视频链接，优酷、土豆、爱奇艺等推荐的影视剧作品，都是建立在大数据基础之上的推荐系统在起作用。

当用户在等公交车、乘坐地铁的时候，当用户在紧张工作了几个小时停下来休息的时候，当用户在晚上即将睡觉的时候，当用户在周末拥有整段闲暇时光的时候，这些生活、学习、工作、社交方面一个个看似非常普通的时间点，都有可能是推荐算法向用户进行个性化视频内容推荐的良好时机。

例如，奈飞（Netflix）会根据用户的浏览记录选择相似的视频作品进行推荐、会根据内容排行榜的短期热点和周期性热点进行推荐、会根据继续观看的场景和用户搜索的场景进行推荐、会根据付费用户更加个人化的兴趣点进行推荐等。

内容推荐就是将用户感兴趣的话题和内容呈现在用户面前。这也就意味着视频网站或者短视频平台必须根据用户的兴趣、偏好，并结合用户过去的视频观看记录和观看习惯进行更加个性化的推荐。只有这样，推荐系统每次向不同用户推荐的不同视频内容，才有可能是针对具体每一位用户进行的个性化推荐。

以快手为例，它通过精准刻画用户的画像，组合运用不同的算法，极具针对性地推荐个性化的短视频，全面覆盖用户的不同需求，以期能够提升短视频的点击率和观看率。

具体而言，在一位新用户尚未注册登录的情况下，它在没有形成一个较为完善的用户画像的时候，主要通过简洁的界面、随机的展示和友好的瀑布流等方式，鼓励用户根据自身的兴趣爱好选择相应的短视频内容。

在用户已经点击观看了几则短视频并刷新之后，推荐系统就会根据用户已经选择的内容，向他展示更多与前几条短视频相类似的内容。

在用户完成注册并登录之后，推荐系统主要通过组合“关注”“发现”和“同城”等界面进行推荐，如图 6-7 所示，力图做到满足用户在不同场景下的不同内容需求。

“关注”界面向用户呈现的是他已经关注了的短视频生产者创作的内容，推荐系统也会根据这些内容与用户需求之间的匹配程度进行排序。毕竟同一作者发布的内容也可能截然不同，如果不利用算法进行过滤，就可能会影响用户的体验。推荐系统会对发布的内容进行类型化和标签化处理，并利用机器快速地完善内容画像，然后再根据算法模型判断这则视频与该用户之前观看的视频是否高度相似，从而决定是否向他推荐。

图6-7 快手的“关注”和“发现”界面

“发现”界面推荐的内容综合运用了协同推荐系统和内容过滤推荐系统，前者通过历史数据推断用户的兴趣偏好，并据此向用户推荐新的短视频；后者则主要向用户推荐与他们之前看过的内容高度相似的短视频。

“同城”界面则是主要基于地理位置的远近，来决定优先向用户推荐哪些短视频内容。

利用多种算法进行组合推荐的好处在于，它可以在很大程度上规避掉单一算法可能存在的明显不足，从而向用户提供最符合他们需求的短视频推荐服务。

此外，如果用户使用微博账号或者微信账号登录快手的话，推荐系统还会使用社会化过滤推荐系统，向用户推荐他们在社会化媒体中的好友看过、点赞过和评论过的短视频内容。

第3节 场景化，精准化，智能化

对什么用户讲什么故事

当我们理解了大数据基础上的用户个体画像和内容推荐系统之后，就会明白，今天的视频市场和视频营销策略终极的追求是什么。

是的，没错，我们希望把最合适的视频内容推荐给最合适的那位用户；我们希望他观看了而不是忽略了那条推荐给他的视频内容；我们还希望他不但观看了这则视频，而且进一步点击了视频中推荐给他的商品链接，完成了购买。

所以，了解用户画像是要告诉你，你完全可以借助大数据的手段，看清楚你的目标市场中的任何一位具体的用户，他长得什么样子，他多大的年龄，他喜欢什么讨厌什么，他在超市、商场或电商网站经常购买什么东西，他会不会在视频内容中点击购买相应的商品……

同时，了解推荐系统是要告诉你，今天的视频内容分发机制已经完全不同于过去的电视广播模式，也与十年之前的视频网站运营逻辑截然不同。尽管人工推荐依然是视频尤其是长视频推荐的主要模式，但是越来越多的网站或平台也已经把视频内容的推荐权赋予了推荐系统。

这意味着，你生产的视频内容是否会在用户那里受到欢迎甚至成为刷屏爆款，不仅仅取决于你自己是不是喜欢它，更重要的是取决于帮你进行视频推荐的那台机器或者那个程序是不是“喜欢”它，或者说取决于推荐系统“判断”用户们是不是喜欢它。

事实上，不同的用户喜欢的东西当然是千差万别的，同一位用户在不同的时间点所喜欢的东西也是有所差异的，所以推荐系统才会实时地调整它向用户推荐的视频内容。

同样的道理在视频营销层面也是适用的。在前面的章节我们强调过，一则电视广告打遍天下的时代已经一去不复返了。你的目标市场用户是群体中的一个个独立个体，本身就众口难调，而且他们在不同的时间点关注的热点话题也存在很大的差异。

所以，在 5G 技术开启的视频时代，你的视频营销团队必须具备低成本，大规模，可持续提供 IP 化、个性化和差异化视频内容的特点。因为只有这样，你的视频营销才有可能最大限度地触达你的目标用户群体。

具体来说，不同的视频内容或者视频 IP，能够覆盖到的用户群体有一定的重合度，也存在一定的差异。

假设，视频 A 能够触达 200 万用户，视频 B 能够触达 300 万用户，其中有 120 万用户是重合的，这意味着两则视频能够覆盖 380 万目标用户。也就是说，你需要几十条甚至上百条视频内容才能够覆盖全部的 5000 万目标用户。

今天，无论是视频生产还是内容营销，都在随着用户时间的碎片化、行为的碎片化、兴趣的碎片化和需求的碎片化而变得越来越个性化和精准化。

过去，我们可以面向所有用户讲同一个故事；未来，我们却应该面向不同的用户讲不同的故事，甚至面向同一位用户讲不同的故事。

因此，借助大数据尤其是推荐系统，未来的视频营销要做的就是“见什么人说什么话，在什么山唱什么歌”。

视频营销与场景消费

既然成功的视频营销要做的是在最合适的时间、最合适的地点、最合适的语境、最合适的心情状态下，把含有营销基因的视频内容推荐给最合适的人，那么这个时候我们重点要做的就是，利用大数据技术确定谁才是最合适的人。

最合适的人，本质上就是最合适的场景之下的精准用户。很多人也把这种营销思路称为“场景营销”。

场景这个词，在今天的互联网领域已经被传得神乎其神，产品经理说应该从场景出发解决用户的需求痛点，运营经理说应该从场景出发解决拉新和留存的困境，市场经理说应该从场景出发进行精准营销。

那么场景究竟是什么呢？

从视频营销的角度来说，场景其实就是大家都非常熟悉的 5W1H 模型：

什么人（Who）？

在什么时间（When）？

在什么地点（Where）？

需要解决什么问题（What）？

为什么你能解决（Why）？

你是怎么解决的（How）？

事实上，每一位用户的每一天，都会在少则几个、多则几十个甚至上百个的场景中进行切换，不同场景之下的同一用户或者相同场景之下的不同用户，他们的需求都存在着较大的差异，我们向用户提供的解决方案或营销策略也应该能够满足他在特定场景之下的特定需求。

例如，一位典型的白领用户，从起床到睡觉大致会在如下场景之中进行切换：洗手间的洗漱场景—早餐场景—去公司路上的交通场景—写字楼电梯场景—上班工作场景—上班休闲场景—中午快餐场景—下午工作场景—下班前的休闲场景—下班后晚餐社交场景—回家路上交通场景—卧室休闲娱乐场景—夜晚休息场景。

在不同的场景之下，用户的状态是不同的，需求也是不同的。

上班工作的时间，他可能会忙里偷闲，拿出手机看上三五分钟的抖音，之后就被上司叫去处理其他任务了，这样的场景之下用户很难全神贯注地投入到他所观看的视频内容中去。

但是在上下班的路上，尤其是北上广深这些城市的地铁上，你会看到很多“低头族”拿着手机、戴着耳机在追时下较火的影视综艺内容。

这就是场景。

准确的场景定义来源于时代背景下对人性和生活方式的审视，来源于对用户未满足需求（痛点和痒点）的洞察，来源于市场细分基础上对目标市场的把握。

好的场景定义不是自我的本位诉求，不能局限于产品的功能或形式，而是要透过产品看到消费的目的或意义，使其具有某种生活态度或生活方式的意义。

如喜马拉雅瞄准人们“充分利用时间”的需求（目标市场），开拓“新声活”场景，把“听”从消遣进化为学习、社交与娱乐，从早晨起床的音乐闹钟，到驾驶汽车时的有声小说，再到晚上睡觉播放催眠音乐等，使其成为一种生活方式。

再如日本的茑屋书店对书店这种场景的重新定义，使它不仅仅是卖书的地方，而是代表“知性、时尚、个性的生活方式”。它集咖啡馆、游戏厅、影音室、儿童玩具区、美容区、医疗区、餐厅、宠物乐园、自行车店等于一身，如图6-8所示。

图6-8　茑屋书店对场景进行了重新界定

新场景意味着新体验、新品类、新流量，准确定义场景，就能够找准连接点和引爆点，形成强大的营销势能。

在视频营销过程中需要注意的是，不同的场景决定了用户对视频内容的吸收程度，以及对视频内容中营销信息的关注程度。你的营销不但要追求用户覆盖范围的广泛，还要追求内容触达对象的精准。

而借助大数据技术，通过对具体用户历史数据和即时数据的分析，你基本能够获得他的性别、年龄、消费水平、消费习惯、当前位置、移动状态、所在平台、观看内容等比较全面的信息，此时你完全可以借助相应平台提供的内容推荐系统或者程序化广告投放系统，来决定是否将你的视频或营销信息推荐给处在这种场景之下的这位用户。

当然，好的营销不仅仅能够根据场景进行投放，而且能够用全新的视角重新界定场景，发现特定场景之下的新痛点和新需求。

在 5G 时代，当视频成为移动互联网的新入口之后，几乎每一个场景都会面临被重新定义的可能。

不同的场景定义代表着不同的价值诉求和生活意义，如百货商场不再是简单的购物场所，而是“时尚直播+社群活动+视频娱乐”的地方，景区售票处不再是简单的售票地点，而是“视频旅游+社交”的据点。

当你将 5G 时代的视频形态结合大数据和推荐算法进行重新界定的时候，就一定会发现视频营销的新场景、新思维、新方法和新机会。

打造属于你自己的 DMP（数据管理平台）

高效的场景营销一定是个性化、精准化、定向化的营销，它必然具备如表 6-2 所示的六大特征。

表 6-2 高效场景营销需要具备的六大特征

序号	特征	关键要点
1	定义准确	你界定的这个场景最好是重复性的场景，最好是大量用户都会高频经历的场景，这样才意味着这种场景下的痛点和需求会比较明确，同时也会形成规模
2	标签鲜明	在这种场景之下的用户同质化的标签是什么，差异化的标签是什么，有哪些共同的痛点，有哪些个性化的需求
3	内容创新	用新奇、新颖、新鲜的内容捕获特定场景下的用户注意力
4	体验真切	视频内容贴近用户，不矫揉造作，能够为用户提供一种全新的认知视野或者情感体验
5	情感连接	要有价值观输出，要有情感共鸣，要让你的内容与用户的情感处在同一个频道上
6	数据驱动	用好大数据，让数据说话，让数据为你找到特定场景下的精准用户，了解视频平台的推荐算法，利用好它们的推荐机制

事实上，关于高效场景营销的前面五个特征我们都已经花了很多的篇幅介绍，但第六个特征，也就是数据驱动，还有很多企业在营销过程中没有引起足够的重视，或者说尽管重视却无从下手。

在营销决策越来越依靠数据及建立在数据基础上的用户画像的当下，几乎所有的企业、门店、媒体都深刻意识到了数据作为一种资产所造成的颠覆性影响，并开始想方设法加速他们的数据资产化和 DMP（Data Management Platform，数据管理平台）建设进程。

DMP 能够对人群数据进行分类标签整理和相似人群寻找，最大的价值在于通过数据处理对用户进行精准定位和精准画像，使营销投放更具针对性。

当然，在数据资产化和 DMP 建设进程中，大的组织跟小的企业之间必然存在着很大的差异。大企业的数据资产化进程或许开始得早一些，投入的人力、财力、物力多一些，但在这条路上他们未必就是走得最快、做得最好的典型代表。

在数据资产化方面，很多大企业做得不错，但也有很多大企业徒劳无功，因为它们并没有真正意识到数据在它的营销环节乃至整个商业模式中的重要性，于是它们反而不如那些真正用心去做 DMP 的中小企业做得好。有些中小企业，因为它们的内部架构和产品品类都相对不那么复杂，搭建起 DMP 来反而能够起到立竿见影的效果。

因此，在建设 DMP 的过程中，希望企业能够根据自身的实际情况决定是否要做。如果要做，那要怎么做？虽然目前并没有放之四海而皆准的方式方法，但你必须要动起来了。

CVO

第7章

长、中、短结合，升级视频营销生态圈

现在大家做营销，动不动就提短视频。但这里要说的是，短视频营销并不是企业营销的全部，它也不过是视频营销的一个重要组成部分，而视频营销也不过是内容营销的重要组成部分，内容营销又是你的营销战略的重要组成部分。

所以，短视频营销不是全部，抛开营销战略这种顶层设计不说，单就视频营销而言，我们也应该对自身的营销策略进行多样化的选择和有机的组合，将长、中、短等不同形态的视频内容拿过来为你的营销服务。

那么关于长、中、短视频怎么界定，我觉得不必纠结，有些人认为 20 分钟左右的视频可以算作短视频，但有些人觉得 5 分钟以上的视频都已经很长了。

通常情况下，影视剧、综艺节目、纪录片这样的视频内容可以被归类为长视频，网剧、网大、网综可以被归类为中视频，竖屏剧、短综艺、微电影及很多 MCN、UGC 的内容可以被归类为短视频。

请不要就长短问题较真，这里更强调的是希望大家综合运用各种时长、各种形态、各种类型的视频内容做好自己的营销工作：管它长视频短视频，能抓住用户注意力的就是好视频！

第1节 小微型企业的视频营销策略

小微型企业的难题

小微型企业在营销方面最大的难题是什么？

很明显的两点：第一，没有品牌；第二，没有资金。没有资金来做大做强品牌，没有品牌来促进现金流的增长。

但没有充足资金的小微型企业，恰恰是最需要把营销做好的企业。如何以最低的成本撬动最大的营销效果，起到四两拨千斤的作用，是很多小微型企业的CEO和CMO每天都在苦苦思索的问题。

过去的网络营销对技术水平和运营能力有着较高的要求，这就提高了小微型企业践行网络营销的门槛。事实上，在国内市场中，小微型企业的数量占所有企业的90%之多，但有90%以上的小微型企业几乎没有任何网络营销行为。

今天，视频营销尤其是短视频营销给小微型企业带来了低成本、低技能、低门槛参与移动营销的契机。任何企业、任何个人、任何产品，只需要借助一部手机或者一台相机，就能轻松地制作出画质清晰的视频营销内容。

当然，当所有个人、所有小微型企业都有机会、有条件、有能力上传他们自己生产出来的视频内容的时候，对于用户注意力的争夺战也就日趋白热化。

IP 作品池是基础

用户在碎片化的时间中，使用手机获取视频内容的时候，某种程度上降低了对专业性的要求，但这时候视频内容本身的创意性、新颖性、趣味性和易传播性便显得更加重要。

而这几点却不是大中型企业的专利，任何小微型企业及独立个体，都有机会达到这几点要求。

我们常说一句话：高手在民间。近年来你会发现一个很有意思的现象：

> 写得最好、流传最广泛、最让人忍俊不禁的段子，通常都不是大企业或者名人创作出来的；
>
> 转发最广、阅读量最大、引发讨论最强烈的微信公众号文章，通常都不是大的媒体或者大师写出来的；

在微信群、朋友圈、社交网站使用最多的表情包、动图和小视频，通常都不是大的营销机构或者专家创造出来的；

在抖音、快手、B 站广受用户喜爱的短视频内容，通常都不是大企业、大媒体、大明星生产出来的。

这些内容的共同特性就是如图 7-1 所示的创意性、新颖性、趣味性和易传播性，其最广泛的来源就是日常生活中像你我一样的普通人。智能手机使得每个人都有机会成为“段子手”和“表情包”，也使得小微型企业能够搭载着这些接地气儿的内容展开自己的营销行为。

图 7-1　爆款内容的共同特性

对于小微型企业而言，打造一个属于自己的内容 IP 或者视频 IP，比起打造一个人尽皆知的品牌，有着更现实的经济性、便利性和可操作性。品牌需要专业化的团队和持续不断地投资，IP 则需要具有亲和力的人格和情感上的互动。打造 IP 的多种可能如图 7-2 所示。

一个表情可以是一个IP，比如早期网红小胖的表情包、新晋网红苏大强的表情包等；

一个动作可以是一个IP，比如芙蓉姐姐的S形曲线、前几年流行的“葛优瘫”、红遍国内外的骑马舞等；

一句话语可以是一个IP，比如冯巩在春晚的惯用台词“我想死你们了”、神探狄仁杰经常说的“元芳，你怎么看”等；

一个人物也可以是一个IP，比如近几年在各大直播网站、短视频平台走红的草根达人，有的人设是美女、有的人设是毒舌、有的人设是搞笑、有的人设是整蛊、有的人设是知性、有的人设是乡土等；

此外，一个段子、一种道具、一段舞蹈、一种技能，普遍存在于我们生活中的一些事物或现象，都可以成为某种IP，而这种IP最大的优势恰恰就在于它的接地气儿。

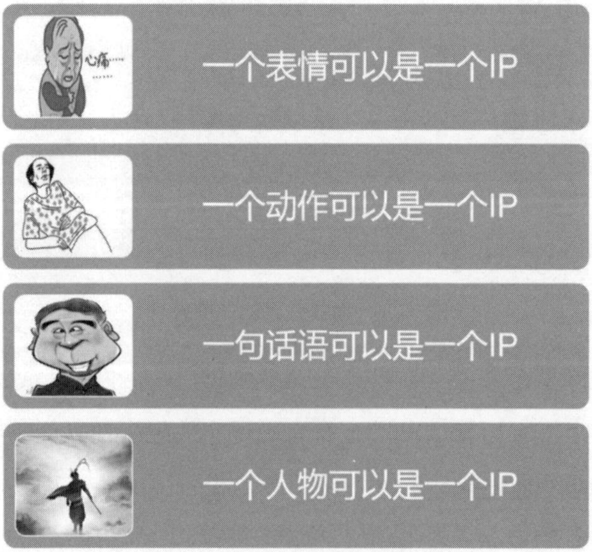

图7–2　打造IP的多种可能

小微型企业要做的就是围绕你要打造的这个 IP，持续不断地创造大量的视频内容，并在这些内容中植入你的营销目的。

视频流水线是工具

有了 IP，你就可以紧紧围绕这个 IP 进行多频次、大规模、快节奏的视频生产工作了。

这时候哪怕首席视频官就是光杆司令一枚，或者小微型企业的一把手自己亲力亲为，也必须得建立起流程化的视频作业机制。

因为只有这样，你的内容输出和视频营销才会持续下去；否则的话，三分钟热度，永远形不成真正属于自己的视频营销模式。

大致来看，视频流水线主要包括如图 7–3 所示的几个环节。

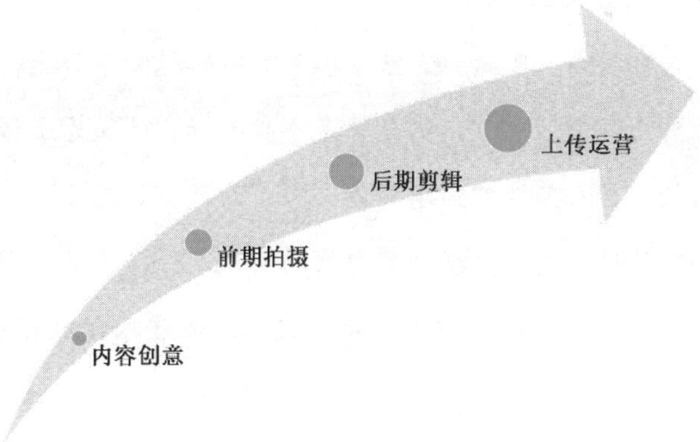

图 7–3 视频流水线的主要环节

1. 内容创意：经过一两个月的探索，给你的 IP 内容确定一个相对成熟和固定的模板，这个模板能够体现故事结构的起承传合，无论是你自己还是你的同事或者下属，拿到这个模板就能够按照相应的步骤填充内容。当然，为了防止用户审美疲劳，你也要对你的模板进行定期的更新迭代。

2. 前期拍摄：用什么设备、在什么时间地点、谁负责拍摄、谁负责表演等具体的细节都要相对固定下来，严格按照你的创意内容执行下去。自媒体人或者小微型企业在拍摄的时候不要刻意强调专业级别的拍摄水平，只要你的设备能够做到清晰、稳定就可以，关键的是内容、创意和故事。

3. 后期剪辑：现在能够在手机安装的简易剪辑工具有很多种，还有华为手机、苹果手机、三星手机自带的剪辑功能，都可以满足基础的剪辑、调色、特效等需求。如果有更高的要求，可以在电脑上使用专业的剪辑软件进行后期剪辑，如 Adobe Premiere Pro、Adobe After Effects、iMoive、会声会影等。

4. 上传运营：上传是个简单活，你只要在自己开通账号的抖音、快手、今日头条、B 站、优酷等各种类型的视频平台上，按照它们的要求进行上传就可以了。但运营是个技术活，比如你上传的视频标题该如何拟定、视频介绍该怎么写、粉丝的评论该怎么进行回复、如何能够更快速地涨粉、从视频到电商的变现路径怎么设置等，每个平台都有不同的风格和技巧，这些是需要视频运营人员好好学习的。

以上是视频流水线的主要环节，但这里要强调的并不是你熟悉这几个环节，而是你要把这几个环节流程化、模式化、规范化。

假设有一个小微型企业的视频团队，团队成员有 3 个人，这时候你就要有一个比较规范的运营模式或操作手册：周一 A 负责出创意，周三 B 负责全天拍摄，周五 C 负责完成剪辑，每周一、周三、周五晚 20:00 各更新一集，雷打不动。

再假设你是一个人在运营淘宝的店铺或者视频自媒体，那你就要给自己定一个具备可执行性的计划：8:00 出内容，9:00 化妆，10:00 玩自拍，11:00 剪辑加工，下午处理各类订单，18:00 上传，之后把更多的时间放在与粉丝的互动上。

电商生态圈是目的

对于企业而言，做视频的最终目的不是打造 IP，更不是为了满足你的电影情怀，而是营销。

怎么让视频内容更好地服务于你的营销目的，才是你要思考的核心问题。目前来看，从短视频直接向电商导流是最主要的商业模式。关于这一点，我们在前面的章节涉及了很多。

但除此之外，很多小微型企业和自媒体从业者并没有进行更多的思考。事实上，紧紧围绕你的视频 IP，我们能够做的拓展和衍生还有很多。

1. 孵化网红：你的视频能够形成一个 IP，就意味着其中的主要人物也能够拥有一定的粉丝群体，从而发展成特定领域或者特定人群中的网红、主播或者达人。像李佳琪这样的网红，他可以卖口红，也可以卖其他的美妆产品。所以，一定要在你的视频 IP 火遍整个互联网之前，先跟你用的这些未来的网红签约，这时候你不但是个产品公司，更是一个经纪公司。

2. 跨界电商：你为什么开发了这么好的一个 IP 出来，却只卖自己家的商品呢？既然它受到粉丝的追捧、喜爱、认可，你就应该把这个 IP 的价值最大化，凡是跟你的内容、产品能够有机结合的，都可以植入到视频中来。这个时候你不但是个营销公司，更是一个媒体公司。

3. 内容衍生：这个视频 IP 成功了，总有它成功的经验和模式。那就复制一个、再造一个，开发一个新的 IP，站在成功的 IP 肩膀上，你的新内容更容易成功。你可以借力其中的话题、人物、道具、场景等，为新的内容赋能。新的内容成功了，就意味着你开发了一个新的导流渠道。这个时候你不但是个内容公司，更是一个运营公司。

4. 新品开发：根据你的网红类型、故事内容、合作伙伴及未来规划，有重点有节奏地开发新的爆款产品，比如小米的手机成功了，它的空气净化器、智能摄像头、智能手环等一系列的产品也跟着成功了。这个时候，你不但是个调研公司，更是一个研发公司。

屏幕即渠道，内容即渠道。

如果把视频内容看作 5G 时代的移动互联网入口，那么你就一定要记住：

围绕着这个入口，不只要卖自己的产品，你可以卖全世界；

围绕着视频，可以展开的不是一个点，而是一个生态。

第2节　大中型企业的“品效合一”趋势

品牌广告 VS 效果营销

大中型企业与小微型企业有着很多的差异，其中在营销方面的最大差异就是，大中型企业要么已经成功地塑造了品牌，要么正在通往成功塑造品牌的路上。

这并不意味着他们的营销战略只关心品牌，而不关心效果。事实上，塑造品牌的目的也是为实际的销售效果服务的，比起小微型企业来，大中型企业更愿意投入大量的预算在品牌的塑造上。

尽管“我知道我的广告预算有一半是浪费了，但我不知道究竟是哪一半”，大中型企业依然相信品牌的力量。小微型企业不是不相信品牌的力量，而是没有实力构建品牌的力量。

正是因为这个原因，直到目前，大中型企业的视频营销策略依然侧重于传统的电视贴片广告和视频网站贴片广告这样的品牌广告类型。也就是说，他们的视频营销更倾向于选择与长视频结合：

中央电视台新闻联播、焦点访谈，体育频道、电影频道的节目前、中、后播放的电视广告；

湖南卫视《快乐大本营》、江苏卫视《非诚勿扰》、东方卫视《笑傲江湖》等大型综艺节目的冠名赞助、花式口播和内容植入广告；

电影《复仇者联盟》、电视剧《乡村爱情》、纪录片《舌尖上的中国》等长视频内容的植入广告；

视频网站各类长、中、短视频内容播放前的 60 秒甚至 90 秒品牌广告，以及部分热门内容在播放过程中插播的相应的广告。

品牌广告（Brand Advertising）与效果广告（Performance-based Advertising）是两个对应的概念。

二者并不是相互替代的，反而是相互补充与相互促进的关系，它们各有侧重，在 AIDMA 消费决策流程的不同阶段对消费者产生了不同的影响，产品的不同阶段对它们有着不同的需求，如图 7-4 所示。

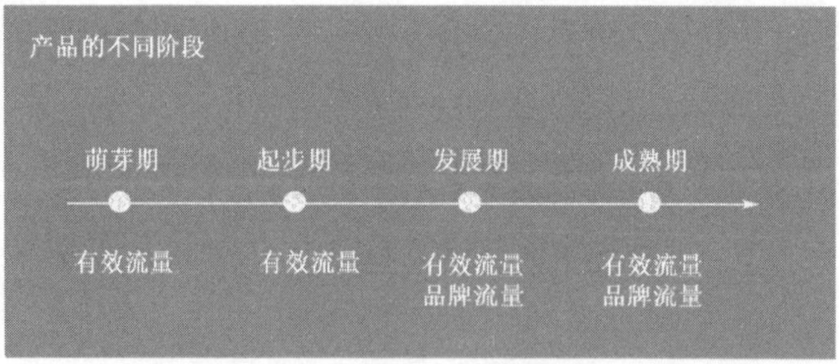

图 7–4　产品的不同阶段对品牌广告和效果广告的不同需求

品牌广告很大程度上引起了消费者的注意和兴趣，这种情况往往被人称为“注意力经济”。它主要通过大量资金投入，打造高质量的、能引起受众注意并形成记忆的形象广告，从而达到树立企业或产品品牌形象的目的。

这种广告类型是非数字化媒体时代的重要广告形式，它与消费者产生实际购买行为之间存在较大的距离，广告所产生的实际销售效果无法精确衡量。因此，广告主更多的是希望借助大众传播媒体的影响力和覆盖面，实现广泛快速地触达大量受众、扩大品牌知名度和影响力的目的，进而提升中长期的销售业绩。

与品牌广告不同的是，效果广告则引起了消费者的购买欲望，并促使这种欲望转化成购买行为，这种情况通常被称为“欲望经济”。其侧重点在于借助广告迅速产生实际的销售额增加、利润增长的效果，或者引发消费者的其他实际行为。

由于这种对短期效果的追求，效果广告希望能够以最低的成本和最精准的程度触达目标消费者，这就要求广告主或传播媒介能够精准地找到目标消费者。

当然，随着互联网和移动互联网技术的快速发展，大中型企业也在不断尝试利用全新的技术和模式展开效果营销活动。他们通常会在营销组合与广告传播过程中综合运用品牌广告与效果营销，从而实现利润最大化的根本目的。

也就是说，尽管在过去，品牌广告和效果营销被分别对待，各自独立；但是，当前的移动互联网正在打通品牌广告与效果营销之间的界限，从多个层面、为同一个企业同时提供基于品牌和效果的双重服务，促进品牌与效果的融合。

“品效融合”的营销策略

营销圈里的很多朋友都知道百雀羚两年前的一则广告，如图 7–5 所示，也经常拿这个案例来说事儿。

图 7–5　百雀羚刷屏广告截图

一篇名为“百雀羚神广告又来了!”的 10 万+爆款朋友圈文章，让国产化妆品牌百雀羚不经意间成了最新网红，如果计入各种转发的公众号，这则广告的阅读量和点赞数，已经完全可以进入 2017 年刷屏内容的前十榜单。

但一篇题为《哭了！百雀羚 3000 万+阅读转化不到 0.0008》却从另一个角度展示了品牌营销的尴尬。业内人士默认刷屏成功和转化率奇低的“神广告”究竟哪一环出现了问题？事实上，现在盲目的刷屏很多，而真正让目标人群记住的成功营销非常少，更别提提升效果了。

其实，大中型企业苦于将大量预算重点投放到品牌广告这件事久矣。但在过去，他们也没有什么好的办法解决“广告费浪费一半”的问题。

尽管不好衡量品牌广告的效果，因为它不直接创造销量；但它毕竟能够通过借势热门长视频内容获得长期的关注，为企业带来知名度和美誉度，从而创造销量。

但多年的营销研究和实战经验告诉我们三个非常现实的道理，对于大中型企业而言：

1. 企业做营销不仅要重视品牌，还要重视实效；
2. 在移动互联网时代做营销，必须追求品效合一，或者品效融合；
3. 长、中、短视频内容都要用好，才能形成品效合一的营销矩阵。

在这一点上，我特别认同瑞幸咖啡的联合创始人、神州优车股份有限公司CMO杨飞在《流量池》一书中提到的观点：

“品效合一就是企业在做营销的时候，既要看到品牌的声量，又要看到效果的销量。产品要带动品牌声量的提升，同时品牌推广也要有销量的增长。”

尤其是在移动端，因为交易链条更短，线上支付更便捷，也让品效合一成为可能。品牌营销应该尽量做好最后一米甚至最后一厘米的销售效果，不能只是赔本赚吆喝、叫好不叫座。

营销范畴的“急功近利”并不是一个贬义词。“急功”是要快速建立品牌，打响知名度，切入市场，获得流量；“近利”是要在获得流量的同时，将其快速转化成销量，带来实际的效果。在“急功近利”的同时完成品牌建立、实现销量增长，这样的营销理论才是当下实用的方法。

在过去相当长的一段时间，广播电视媒体、报纸杂志媒体乃至早期的互联网媒体，它们所承载的营销活动都没有办法直接导向购买行为，因此在这些媒体上所投放的营销信息大部分都是品牌广告，转化周期长，销售目标模糊。

但是今天不同了，任何媒体，无论是智能电视还是互联网，无论是智能手机还是其他设备，无论是品牌广告还是效果营销，都可以在相应的营销信息中增加一个闭环动作：点击购买。转化的时间正在最大可能性地趋近于零。

用好长、中、短视频，形成营销矩阵

5G 时代的开启、视频内容的爆发、移动电商的繁荣，都为品效融合或品效合一的营销理论、模式和方法提供了无限可能。

而作为最看重品牌资产的大中型企业，也应该适时地调整自己的营销战略和落地策略了。毕竟建立在工业经济基础之上的传统大众营销方法，在新技术、新思维和新工具层出不穷的当下，已经有些捉襟见肘了。

这就需要企业在营销过程中整合不同的营销策略和营销方法，利用好长、中、短视频各自的优势，形成品牌与效果的营销合力。

1．从视频类型的角度，要全面关注长、中、短等不同类型的视频领域，寻找各个领域的爆款内容进行营销合作；

2．从媒体形式的角度，要全面展开与电视台、视频网站、短视频平台等不同视频内容渠道的沟通与合作，探讨新的品效合一模式；

3．从内容形态的角度，要全面关注电影、电视剧、纪录片、综艺节目、新闻、网生内容、竖屏剧、自媒体、UGC 等各种类型视频的发展趋势；

4．从意见领袖的角度，要多元化邀请明星、专家、网络达人、种子用户、普通用户、“吃瓜”群众等不同群体代表参与到视频内容的生产与传播中来；

5．从自建媒体的角度，要在各种综合性或垂直性的视频平台上自建自营一些定位不同、相互补充的视频内容账号，在这些平台上与用户进行频繁直接的互动；

6．从营销形式的角度，要综合运用传统硬广、植入、公共关系、事件营销、内容营销、社群营销等多种不同策略，相互配合，促进流量向销售的转化；

7．从销售转化的角度，要在各大电商网站建立自有的品牌旗舰店、专营店或者第三方代运营的店铺，为你的品牌、产品打通最后一厘米的转化路径。

由此我们看到，视频营销的矩阵，不仅仅涉及视频内容本身，更重要的是你还需要打通内部的各个部门、外部的各个合作方及营销链条上的各个环节。

第3节　发挥自媒体的营销价值

让你的营销接地气儿

这里我们所说的自媒体包括以下两大类。

一类是企业在各大视频内容平台上自有、自建、自营的内容账号或者营销账号，前面的章节曾经探讨过如何做好自有的视频内容，这里不再赘述。

另一类是在庞大的自媒体海洋中的各种账号，这些账号有着各自的垂直领域、各自的粉丝群体和各自的营销策略。最关键的一点在于，很多自媒体领域的从业者并没有属于他们自己的主打产品，这就决定了他们在做好内容的同时，也需要与市场上大量的实体企业进行合作。

事实上，无论是小微型企业还是大中型企业，在很大程度上都需要与自媒体展开多样化的营销合作尝试，最直接的理由就是：他们有流量，而你有把流量转化成销量的需求。

但除此之外，还有一个理由是你必须承认的，那就是：自媒体比你更懂用户、更接地气儿。

说得再直白一些：自媒体说的是“人话”，而你说的是“官宣”。

所谓“人话”，就是用户喜欢听而且听得懂的话，他们不但能听得懂，还能插上两句、评论两句甚至还能跟你“打情骂俏”两句；

而所谓“官宣”，则是某某企业官方宣布、官方发布、官方声称，就好像是企业在媒体上发的新闻通稿一样，都是诸如红标、黄标、蓝标这样的公关公司拿个软文格式套过来，说些不痛不痒的甚至听不懂的废话。面对这样的内容，用户连看都不想看，还谈什么流量和转化呢？

所以我觉得企业在做营销的时候，尤其是大中型企业在做视频营销的时候，必须把自己的身段放低，主动跟那些优质的自媒体进行合作，认真、谦卑地跟用户说人话、对好话。

要知道，凡是能够在血雨腥风的白刃战中厮杀出一条血路来、活到今天的优质自媒体，都不是上天给他们赐予了福利，而是用户真的对他们有着强烈的认可。

发挥不同类型自媒体的营销价值

其实，自媒体经过了十余年的发展，在很大程度上已经成为整个媒体生态不可或缺的有机组成部分了。很多大型传统媒体组织也都在各种自媒体平台上开通了他们的账号，比如人民日报的微信公众号和抖音号，都是影响巨大的账号，它们跟纸质版的人民日报内容风格完全不同。

当然在这里我们并没必要纠结它究竟是传统媒体、新媒体还是自媒体，你可以简单地把那些自媒体平台上的各类可以产生营销合作契机的账号，都归类到自媒体里面，自媒体内容大致可以分为如下几类。

1．UGC（User-Generated Content），也就是用户自身创作的内容。很多用户都有自己的抖音号、快手号、头条号或微信公众号，他们并没有什么自媒体团队，但他们自己生产的这些内容也能吸引大量粉丝。

2．PGC（Professionally-generated Content），也就是专业生产的内容。这类内容的生产者主要是来自新闻单位、网站或者平台等机构的专业人士，他们的内容基本是走媒体型的路线，可以进行原创、专题栏目制作等。

3．OGC（Occupationally-generated Content），也就是职业化生产的内容。PGC 和 OGC 的区分相对容易，以是否领取相应报酬作为分界，PGC 往往是出于“爱好”，义务地贡献自己的知识，形成内容；而 OGC 是以职业为前提，其创作内容属于职务行为，比如很多专业媒体在自媒体平台上开设的账号，就属于这一类。

4．MCN（Multi-Channel Network），也就是一种多频道网络的产品形态，将 PGC 内容联合起来，在资本的有力支持下，保障内容的持续输出，从而最终实现商业的稳定变现。比如 papitube 就是由短视频创作者 papi 酱与泰洋川禾创始人杨铭于 2016 年 4 月成立的短视频

MCN 机构，截至 2018 年 6 月，papitube 签约的 PGC 人数就已达 60 人之多。

5. EOM（Enterprise Owned-Media），也就是很多企事业单位自身的自媒体平台，比如奔驰、海尔等大企业的公众号，或者一些小微型企业的抖音号等。

这些不同类型的自媒体内容，各自有各自的优势和价值，企业在与这类渠道或内容进行营销合作的时候，要有非常明确的目标：你需要什么？哪类自媒体能为你提供这些价值？你们之间的调性一致吗？你的目标用户与它的粉丝群体有重合吗？

例如，宝马与智族杂志的公众号“GQ 实验室”进行了营销合作，《那一夜，他伤害了他》一夜拿下超 200 万次阅读量，尽管它文中还附有宝马 MINI 的订购链接，如图 7-6 所示，但这丝毫不影响这篇内容的分享转发。而且，GQ 实验室与宝马进行了一次有意思的内容营销新尝试——GQ 实验室直接入驻宝马中国，为品牌方的自有传播渠道提供定制化内容。两个账号虽然性质不同，但用户群体都是在意生活品质、有一定消费能力的都市青年。此外，在新榜采集到的 GQ 实验室为期一年的软文中，使用视频的频率比较高，占比 21%。视频形式主要分为三种：品牌宣传片，GQ 和品牌的合作视频，GQ 为主导的随缘乱访视频。

图 7-6　宝马与“GQ 实验室”的营销合作案例《那一夜，他伤害了他》截图

找到视频传播的 KOL

KOL（Key Opinion Leader）是指关键意见领袖，这个概念在前面的章节中也曾经出现过。KOL 在广大的用户群体中拥有非常大的影响力和话语权。

这种影响力和话语权来自哪里呢？我们可以用三个营销术语来概括：

1．知名度：知道这哥们儿的人挺多；

2．美誉度：知道他的人都说他挺厉害；

3．忠诚度：说他挺厉害的人都愿意听他说，很多人还相信他所说的。

于是我们会发现，KOL 的影响力与我们期待的某一品牌或某一产品的影响力，具有高度的相似性，唯一的区别就在于我们不能把某位 KOL 像实物一样卖给所有人，但没关系，KOL 可以帮我们把某件产品推荐给所有人。

也就是说，我们可以以视频内容为媒介，把 KOL 身上的知名度、美誉度和忠诚度“乾坤大挪移”到我们的品牌和产品上。当然，这种挪移不是百分之百的，它可能会产生损耗，也就是我们经常说的流量转化率的问题。

谁都希望转化率越高越好，这就要求你在做视频营销的时候找到合适的 KOL。通常情况下，选择 KOL 的时候需要综合考虑以下两个方面的因素。

1. 这位 KOL 的气质、调性、人设、标签、价值观与你的视频、故事、情感、品牌、产品之间的契合程度；

2. 你的视频、故事、产品本身的专业程度、精彩程度、价值维度和社交广度，没有 KOL 喜欢分享给他减分的视频，你要给他露脸，而不是丢脸。

此外，你还可以借助大数据工具，来确定你想要选择的这位 KOL 是否能够影响到你期待的目标用户群体，大数据也可以告诉你这些：

1. 具备某个标签或者标签组合的用户群体正在关注哪些 KOL；

2. 某位 KOL 的粉丝群体都具备什么样的标签；

3. 某位 KOL 在用户和粉丝群体中具备什么样的特质，这些特质是不是跟你的视频和产品相契合；

4. 某位KOL对他的粉丝或你的目标用户是否具有专业的影响力，也就是期待的目标人群是怎样看待这位KOL的，他们是否认可这个人，或者只是知道这个人但压根对他不“感冒”。

找到合适的关键意见领袖，就意味着你可以借助他们的影响力，撬动更大规模的用户注意力，并最大限度地提升流量转化率。

CVO

第8章

变革组织，打造你的首席视频官

如果有人问：近两年在互联网圈或者营销圈最热门的话题是什么？我认为短视频肯定算一个，增长黑客也算一个。

但是几乎没有人将短视频与增长黑客放在一起来讨论过。而将二者结合在一起的这个话题，恰恰是我们这本书的核心命题：首席视频官就是你的增长黑客，视频团队就是你的增长团队。

第 1 节　视频驱动增长

增长黑客

今天，无论是大中型企业还是小微型企业，都遇到了类似的问题，那就是耗资巨大的广告或营销越来越无法达成预期的回报，从流量到交易的转化率非常低。

尽管如此，依然有大量的企业、品牌和产品通过一些创新性的思考，加强整个公司内部的协作，开展实时的市场测试并根据结果做出迅速灵活的反应，从而获得了巨大的成功。

但几乎在所有这些成功的案例中，用户的增长、业绩的突破和利润的提升，却都不是通过传统的广告营销方式获得的，甚至很多产品的成功都是在预算非常紧张的情况下实现的。

通过总结诸如爱彼迎、优步、领英等大量创新型公司的用户增长经验，肖恩·埃利斯和摩根·布朗于 2010 年提出了完全不同于传统营销模式的“增长黑客”概念。

纽约时报、华尔街日报、连线、快公司、Inc.com 和 TechCrunch 等诸多媒体都对此进行过报道。

上一章我们提到的瑞幸咖啡的联合创始人杨飞，在评价这一全新的增长方式时认为：

> “流量红利的消失、传统广告的浪费和数字投放的粗放，都是今天大多数企业在增长中面临的实际问题。‘增长黑客’思维能够从自身的流量出发寻找增量，以技术驱动营销，以精细运营获取实效，是现在企业、管理者和营销人员应该掌握的新思维和新技能。”

事实上，“增长黑客”的概念一提出就迅速风靡硅谷，并在几年前被引入中国的互联网创业和企业营销领域，它摒弃了传统的高额营销预算和不科学、不可量化的营销策略，代之以更具成本效益比、更有效果且以数据驱动的模式。

用肖恩·埃利斯和摩根·布朗在《增长黑客：如何低成本实现爆发式成长》这本畅销书中的原话来讲，那些使用“增长黑客”方法论的企业之所以能够迅速取得成功，是因为：

> 它们遵循了这样一套方法，迅速提出并测试产品开发和营销的新想法，并利用用户行为数据寻找驱动增长的制胜方法。
>
> 虽然每一个公司的具体实践方法可能有所不同，但是这一套方法论的核心内容是一样的，如图 8-1 所示。

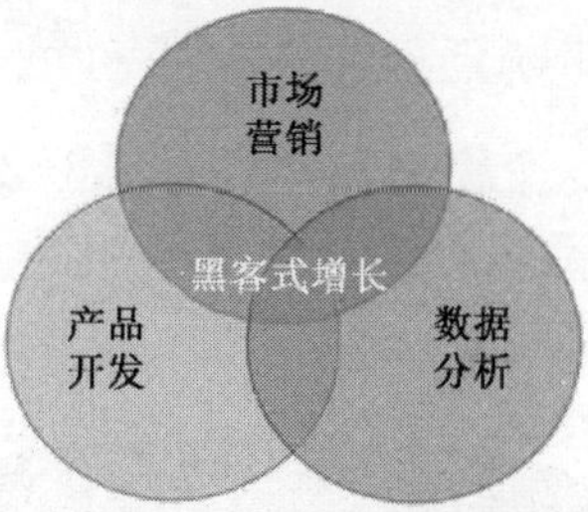

图8-1 黑客式增长的三大核心内容

1. 市场营销：设立一个或几个跨职能团队，打破营销和产品部门之间传统的筒仓，凝聚公司人才，做好市场营销；

2. 数据分析：进行定性研究和定量数据分析，深入了解用户行为与喜好；

3. 产品开发：迅速产生新思路并进行测试，根据严格的指标对实验结果进行评估并采取相应行动。

增长黑客的方法打破了企业内部传统的筒仓结构，将数据分析、工程、产品管理和市场营销方面的员工凝聚起来，组成跨职能、通力协作的团队，使企业能够将强大的数据分析、技术知识和营销能力高效结合起来，迅速寻找更具潜力的增长手段。

增长模型：AARRR 与 RARRA

说到底，增长黑客的方法企图通过迅速测试新想法、新思路，并针对测试结果迅速地改进，以找到最有效的营销方法和增长手段。

在增长黑客理念的影响下，戴夫·麦克卢尔提出了著名的 AARRR 增长模型。具体来说，这个模型包含着如图 8-2 所示的几个环节。

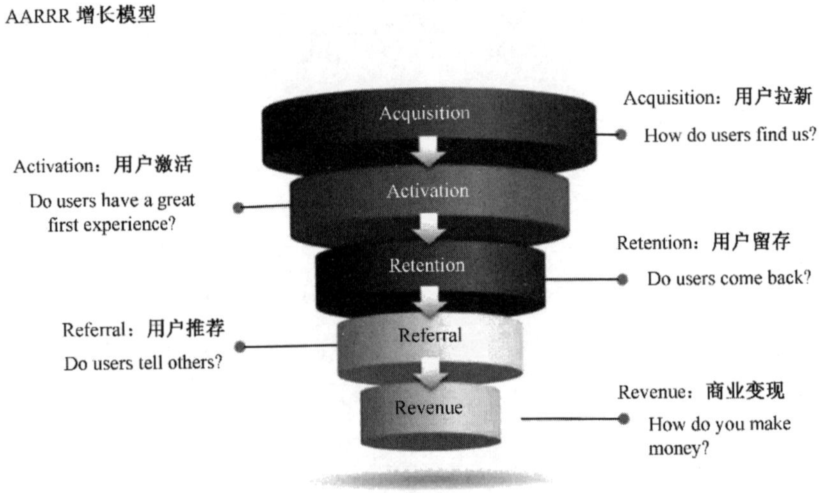

图 8-2　AARRR 增长模型

1. 用户拉新（Acquisition）：用各种激励手段获取大量的新用户；

2. 用户激活（Activation）：激活这些用户，让他们在你的平台上启动、运行并活跃起来；

3. 用户留存（Retention）：解决“用户来得快、去得也快”的留存问题，留住用户；

4. 用户推荐（Referral）：激励留存下来的用户进行分享、转发和自传播；

5. 商业变现（Revenue）：从留存下来的用户及他们推荐来的用户身上获取商业利益。

毫无疑问，这个模型清晰地描述了一个公司、品牌、产品或者移动应用获取用户和开发用户的整个商业流程。

这个模型之所以很受欢迎，就是因为它很简单，突出了增长过程中的所有重要元素，而且是围绕着每个营销人员最喜欢的增长部分——用户拉新——而建立的。由于大多数增长人员都是营销人员，因此获客（用户拉新）已成为这个模型最倚重的指标。

但也正因为如此，很多增长团队就把工作的焦点集中在了 AARRR 模型的第一个字母 A 上——用户拉新，而在一定程度上忽略了后面的留存、推荐和商业变现。

鉴于此，托马斯・佩蒂特和贾博・帕普对 AARRR 模型进行了优化，将它调整为如图 8-3 所示的 RARRA 增长模型，这个新的模型极大地突出了用户留存的重要性。RARRA 增长模型的重要环节如下。

1. 用户留存（Retention）：为用户提供价值，让用户回访。

2. 用户激活（Activation）：确保新用户在首次启动时看到你的产品价值。

3. 用户推荐（Referral）：让用户分享、讨论你的产品。

4. 商业变现（Revenue）：一个好的商业模式是可以赚钱的。

5. 用户拉新（Acquisition）：鼓励老用户带来新用户。

模型的调整告诉我们一个非常直接而残酷的现实：增长的核心并不是拉新获客，而是拉新获客之后的留存、激活与变现，任何不能带来商业变现价值的拉新获客都是伪增长。

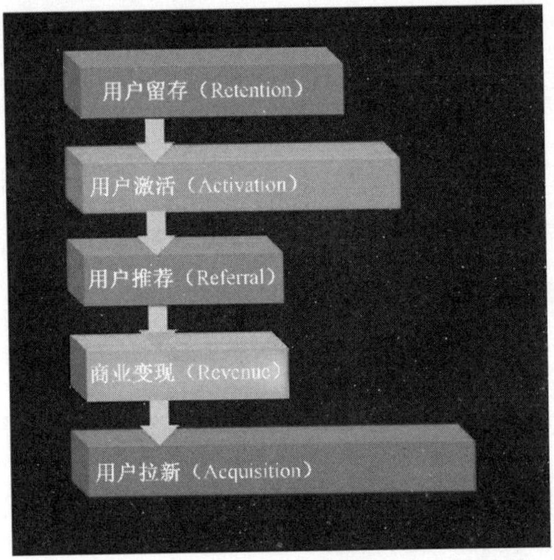

图 8-3 RARRA 增长模型

事实上，我们每个人对此都有很深的体会：受到某种现实利益的刺激，去注册了会员或者下载了应用，就成了所谓的新用户，但转身就删除了应用，屏蔽了所有可能的后续连接。

还有，你可能关注了上百个公众号，但几乎从来不主动打开其中的推文。所以我们会看到，随着近段时间流量红利的消失，微信公众号文章的阅读量有了明显的降低，尽管很多公众号号称有上百万的粉丝，但文章的阅读量却只有几万甚至几千次。

这些都成为增长团队和营销团队所面临的现实问题。事实上，这也正是一直困扰这两个增长模型的一大难题：无论是 AARRR 模型的第一个 A（用户拉新），还是 RARRA 模型的第一个 R（用户留存），你拉新和留存的对象从哪里来？

肖恩·埃利斯和摩根·布朗没有明确地告诉你具体的方法，他们两个只是在增长黑客方法论的第 3 条中说，“迅速产生新思路并进行测试，根据严格的指标对实验结果进行评估并采取相应行动。”

我们把“迅速产生新思路”具象化，就是快节奏地更新你的视频营销内容，如果今天这一条不行，明天马上换下一条。

首席视频官就是首席增长官

上面两个增长模型的最大问题就是：它们能够非常明了地告诉你，应该用什么样的态度和策略对待你的新用户或者老用户，如果你不这样，他们就会慢慢地变没了；但这两个模型都没有告诉你，你的新用户和老用户究竟是怎么来的。

尽管视频不是获取新用户和留存老用户的唯一手段，但我们深信，它一定是即将开启的 5G 时代每个企业想要获得增长的必备手段。

我们再拿前面几章所讲到的视频营销，来比照肖恩·埃利斯和摩根·布朗在《增长黑客：如何低成本实现爆发式成长》这本书中提到的增长黑客方法论的三个步骤，你就会发现：

1. 你的视频内容如果既能紧紧围绕着公司的营销战略，又能讲点新鲜的故事给用户听，视频团队就必须对公司的每一个产品、每一个环节有着全面而详细的了解，只有这样，才能将企业营销与好玩的内容有机结合起来。所以打破壁垒、打通障碍，建立起一个跨部门的视频营销团队是非常重要的。

2. 你的视频团队不但要用定性的方法去洞察用户，还要用大数据的定量手段去跟踪他们、记录他们、分析他们，因为只有这样，才能知道目标用户群体究竟是什么样的人、喜欢什么样的故事、拥有什么样的价值观念。

3. 你的视频营销策略可以快速地试错、实时地调整、不断地改进，今天的这条短视频为什么会失败，是因为话题太敏感招来了用户的强烈反感？还是因为视频故事中出现的新人设与目标用户人群的标签存在较大差异？根据今天的整体数据和营销效果，明天的视频内容应该做出什么样的调整？

这时候，你就会发现，原来我们一直强调的首席营销官肩上所承担的责任，恰恰就是促进增长的责任。以首席视频官为核心建立起来的视频营销团队，恰恰就是企业的增长黑客团队。

而我们之所以能够把视频营销尤其是短视频营销与增长黑客的概念完美地结合在一起，除了上述三点方法论上的高度相似，还有另一个重要的原因就是：视频内容与移动电商的结合，很好地解决了 AARRR 模型和 RARRA 模型中所关注的五个焦点问题：

1. 用户拉新（Acquisition）：优质的视频内容自带流量、自带话题、自带新用户，它能够大规模地捕获用户的注意力资源；

2. 用户激活（Activation）：好的视频营销能够将产品与内容完美结合，并在讲故事的过程中引导用户点击和购买；

3. 用户留存（Retention）：用户能够留存下来不是因为他们还想买你的东西，而是因为他们喜欢你的视频内容、喜欢你输出给他们的价值观、喜欢你和你的故事；

4．用户推荐（Referral）：你的视频引发了用户的共鸣、共情和共振，说出了他们想说的话，分享、转发和推荐能给他们露脸而不是给他们丢脸，自然就为你招来了更多的用户。

5．商业变现（Revenue）：你不但通过视频电商的方式引导着用户购买了你的商品，你还持续不断地从他们身上挖掘了数据、兴趣、话题、利益，此外，你也打造了自己的视频IP、网红孵化器和电商生态圈。

因此，当我们谈论首席视频官的时候，其实我们谈论的不是视频，而是营销，而是电商，但归根结底，我们是在谈论增长。首席视频官，在一定意义上就是首席增长官。

第 2 节　建立视频驱动型的增长团队

别再各自为政了

23 岁那年，我被一家民营金融控股公司任命为品牌总监兼传播公司总经理，同时我也是 7 名核心高管人员中最年轻的一位，那时候我还在读硕士。

那一年，该公司旗下的股权基金公司管理了 7 只投资基金的 21 名合伙人，还没有实现盈利；金融顾问公司的收入支撑着整个控股公司旗下所有人员的各项开支；传播公司则刚刚成立。

五年后我离开的时候，股权基金公司已经在全国 80 多个城市设立了 113 只基金，管理着 300 多亿资金，年利润超过 3 亿元，同时它还能利用已经建立起的网络关系撬动超过千亿元的社会资金；金融顾问公司的年利润也有 5000 万元左右；传播公司则为企业的快速发展承担起了增长黑客的功能。

当年的品牌部门没有任何营销预算，因此我只能利用传播公司的团队，尝试着打通知识付费、社群营销、战略顾问、资本运营、项目投资及投资人关系维系等各个环节，为企业梳理出了“用户拉新（免费内容）—用户激活（知识付费）—用户留存（社群运营）—用户推荐（投资人网络）—商业变现（战略顾问、项目投资、资本运营）”这样一个清晰的增长模型。

事实证明，它是对的。我们策划了一场声势浩大的线下活动，点燃了这个增长模型的导火索，几年之后就拥有了上万名的高净值精准用户。

但随着企业的壮大，部门之间的隔阂越来越明显，因为现实的问题是每个部门都有各自的利益，他们都不希望其他部门的人员来干涉自己部门的事情，不希望别人来动自己的“奶酪”。

虽然那时候还没有增长黑客的概念，但事实上我所做的工作正是首席增长官的工作；虽然那时候也没有短视频的概念，但事实上我所使用的策略（免费知识）正是内容营销策略。

只不过，已经持续五年左右的高速增长被“大企业病”逐渐消耗殆尽，部门之间的各自为政现象使得企业内的沟通成本变得越来越高昂。于是我选择离开这家企业，重新回到大学继续攻读博士，重点研究营销战略、品牌传播、广告心理学方面的理论与实践。

在我离开后的几年时间中，这家企业内部各个部门之间的彼此消耗使得企业的增长几乎处于停滞状态。今天，我已经很少能在市场上听到它的声音了。这是件非常令人遗憾的事情，但是它就切切实实地发生在我所看到的大量企业之中，不仅仅是这一家企业。

生产型的企业存在研发、生产、销售等各个部门的各自为政，贸易型的企业存在着采购、物流和经销等各个部门的各自为政，互联网企业则存在着产品、内容、运营、技术等各个部门的各自为政，甚至自媒体团队内部都会存在着这样那样的交流障碍。

这恐怕是我们的首席视频官在利用视频营销工具促进企业业绩增长的道路上，不得不面临的一个现实问题。而我想，这或许也是《增长黑客：如何低成本实现爆发式成长》一书的作者为什么一再强调要打破筒仓结构的根本原因。

筒仓结构最致命的一个问题就是它会放缓企业的创新步伐、阻碍增长，部门之间缺乏沟通会阻碍以用户为中心的产品研发和营销。

正是因为我经历过一个企业从高速增长到快速失败的过程，才能够更加深刻地理解，今天我们的营销人员会面临什么样的困境。

所有内部各个部门之间的扯皮，全部都是因为从一把手到各部门的负责人忘了一个非常现实的问题：增长才是硬道理，没有企业的增长就没有个人利益的增长。

因此，为了让我们新设立的首席视频官能够有施展才华的舞台，我强烈地再次呼吁：企业内的各部门不要再继续各自为政了！

为首席视频官赋能

请记住，赋能，并不是赋权。

赋权是你要给他一定程度的管理权限，如果权限太小，他没有办法指挥和调动他所需要的人，如果权限太大，企业的一把手和高管层又会担心出现其他的问题。

赋能则不一定非得给他一个什么样的职位，而是激发他的能动性，哪怕他只是一名实习生，也让他能够在自己的职责范围内，最大限度地施展自己的才华。

北大著名的管理学者陈春花教授说，未来的组织管理中最核心的价值其实就是我们怎么去赋能和激活人。

谷歌的创始人拉里·佩奇也说，未来组织中最重要的功能不再是管理或激励，而是赋能。

阿里巴巴集团学术委员会主席、湖畔大学教务长曾鸣在解读《重新定义公司：谷歌是如何运营的》这本畅销书时指出，未来企业的成功之道，是聚集一群聪明的创意精英，营造合适的氛围和环境，充分发挥他们的创造力，快速感知客户需求，愉快地创造相应的产品和服务。这意味着组织的逻辑必须发生变化，传统的公司管理理念不适用于这群人。

事实上，对于我们的首席视频官而言，他需要的恰恰就是一个打破各自为政现象的企业环境，因为只有在这样内部联系密切且相互支持的轻松氛围之中，他和他的团队才能充分发挥自身的创造力，敏锐地感知客户需求与市场动态，生产出既符合企业营销目的又能够娱乐广泛用户的视频内容。

那么，企业应该如何给包括首席视频官在内的视频团队的每一个人赋能呢？大致有如下几点措施。

1. 打破筒仓结构或深井结构：使首席视频官能够建立灵活的小团队乃至灵活的大团队，因为只有这样，他才有机会快速地试错并及时地改进，如图 8-4 所示；

2. 营造相互连接、信息共享的企业文化：首席视频官不一定必须和公司的每个人都亲密无间，但只要他需要的时候，他就能够获得他尝试新策略所需要的信息和支持；

3. 实施嵌入计划和联络官计划：在美军的实践中，有一套具体而有效的方法，即嵌入计划和联络官计划，类似传统的“借调”模式，其他部门的人才以外来者的身份加入首席视频官的团队，既可以激发原有团队的活力，也方便不同团队之间的沟通，打破壁垒。

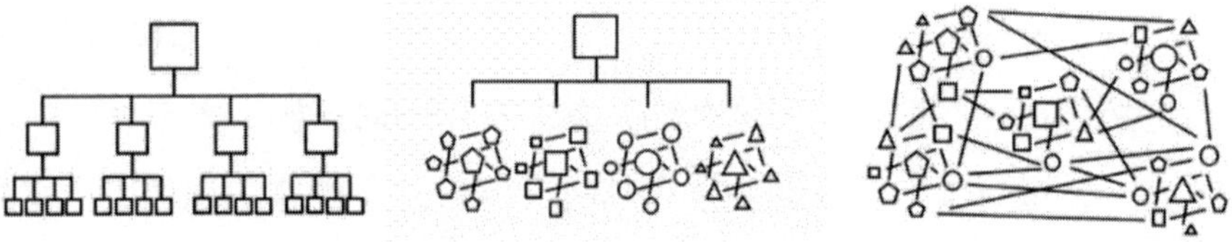

图 8–4　打破筒仓结构，组建更灵活的团队

举个例子来说明，首席视频官希望能够把用户使用的某款手机产品从研发、生产、组装到物流、销售、使用、回收的整个流程，以创意短视频的形式呈现给用户，从而强化他们对这款产品的喜爱与忠诚。

这个时候他需要能够快速地从各个部门抽调一两名员工，组成一个临时创意小组，任务完成之后就立即解散。面对这样的问题，传统的管理组织通常需要任命一名高管来担任组长，统筹所有事情，但在赋能型的组织中，首席视频官完全可以自行解决这个小问题。

首席视频官的团队需要哪些人

如果是一个小微型的企业，可能根本没有资金实力搭建一个完整的视频团队，但是这不影响首席视频官一人身兼数职。他可能擅长视频运营，但这不妨碍他懂点设计、懂点数据。

因此，这里我们提到的视频团队是一个理想状态下的团队，有能力的企业可以考虑每个角色都配备专业的人员，成长型的企业则可以考虑招聘一两名一专多能型的复合人才，自媒体人则需要考虑怎样通过学习弥补自身的短板。

通常，一个视频团队应该具备能够承担图 8-5 中所提到的这样几个角色的人才。

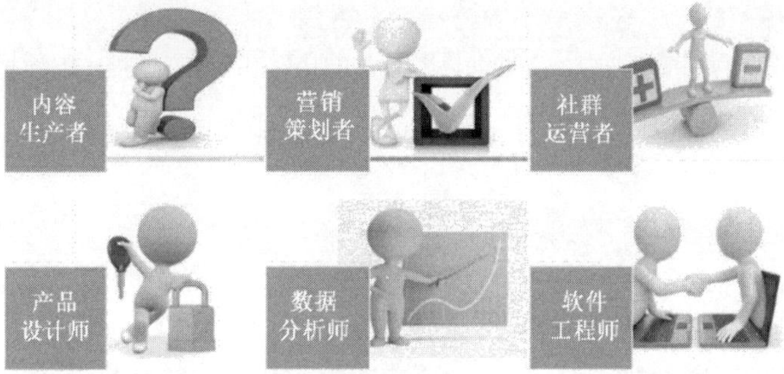

图 8-5　视频团队组成人员

1. 内容生产者

内容生产者是视频团队的核心人才，他们必须具备非常强大的视频创意能力、故事创作能力、剧本写作能力、情绪沟通能力、用户洞察能力和拍摄剪辑能力。

你可以在自己的组织内部去物色，看看现有的员工中是不是有人具备某一两种能力。

如果要去市场上招聘，你可以考虑那些自媒体爆款文章的创作者，或者正在从事短视频创作的、能够大开脑洞的年轻人。

2. 营销策划者

光有内容还不够，还得有人能够非常巧妙地把你的品牌、产品或者其他营销要素植入到内容中去。

这样的人要非常熟悉视频内容本身的各个流程和要素，但同时他们也要深刻地理解用户的心理状态：他们喜欢什么、讨厌什么，他们什么时候反感营销，什么时候无所谓甚至还有点喜欢营销。

他们懂得“蹭热点”，他们知道当前的互联网流量正在流向哪里，他们甚至还能够“无中生有”地制造出一个刷屏的热点事件来。

3. 社群运营者

不是你生产出来植入了营销信息的视频内容就可以躺下睡大觉了，你还需要去运营它，知道什么时候发布最合适，知道你的内容可以获得哪些 KOL 的转发支持，知道你的粉丝最喜欢什么。

社群运营人员的上帝就是粉丝，有时候他们要刻意地去迎合粉丝，有时候还可以小小地“调戏”一下粉丝，甚至可以撒撒娇或者怼一下他们，这样的运营人员才是有个性的，而他们的个性也恰恰就是你的内容 IP 或者账号的个性。

前文提到的拉新获客、留存转化、推荐分享、商业变现等每个环节，都要高度地依赖运营人员的能力。

4. 产品设计师

这个角色的基本责任就是要不遗余力地给你的内容打造出独一无二的格调来。

他要在字体上、色调上、语言上、风格上、服装化妆道具上……将你的视频旗帜鲜明地与其他人的视频区别开来，让用户们看了第一眼就知道：哦，这是《乡村爱情》，而不是《我的前半生》。

5. 数据分析师

兵马未动，数据先行。这个角色可以默默无闻，但却是不可或缺的。无论是视频内容的选取，还是用户兴趣的收集，都离不开数据分析师的工作。

对于 5G 时代的视频营销，除了内容创意，最重要的一项战略性资源就是数据了。数据本身会成为你区别于其他竞争者的核心竞争力，同样，数据处理和数据分析能力也是你的视频能够在信息海洋中脱颖而出的核心竞争力。

首席视频官可以不懂数据，但是他的团队里必须要有懂数据的人。

6. 软件工程师

这个角色不是必需的，但当视频团队需要这样一个人的时候，在你的企业中要能找到他并能让他完成相应的任务，比如开发一个小程序，或者提供其他软件方面的支持。

第 3 节　首席视频官的必备能力

我们已经说过了，对于首席视频官，你并不需要赋予他多大的权利，但你必须赋予他可以游刃有余地完成营销目标的动能。

当然，这种动能一方面是来自企业环境的支持：高管层面尤其是企业的一把手是不是认可并支持他的工作，企业的管理架构是不是打破了传统的筒仓结构，首席视频官是不是可以迅速地组建灵活的团队进行试错，以及他的工作是要对某位上司负责还是要对增长负责等……

另一方面，这种动能还与首席视频官自身的素质和能力密切相关，尽管很多人认为只要紧紧把握住“视频驱动增长”这个核心问题，几乎大多数人都可以被任命为首席视频官，但我还是希望企业在物色这个角色的时候，重点考察一下他在这几个方面的能力。

良好的协调能力

这是我认为一个首席视频官应该具备的最基本的能力。他可以不擅长做内容、不擅长做运营、不擅长做数据，这些都不是最重要的。但是他必须擅长把上文我们所提到的、他的团队中的内容生产者、营销策划者、社群运营者、产品设计师、数据分析师、软件工程师等代表不同角色的成员凝聚在一起，把他们打造成一个目标一致、高度协调的战斗团队。

更关键的还在于，他要去协调高层决策者、中层管理者和基层执行者的态度、行为、时间及其他资源，来为他的视频营销活动提供支持或服务。

视频是5G时代的移动互联网入口，是将用户导向电商渠道的入口，更重要的是它是你的企业和产品与用户进行互动的入口。

通过视频这个媒介，你会发掘更多的用户痛点和需求，从而驱动着你的研发、生产、物流、营销等各个环节的调整。

因此，首席视频官必须具备良好的协调能力，他要运用好对内对外沟通的技巧，告诉他的团队应该怎么做内容、做运营，告诉他的上司应该怎么定战略、定目标，告诉他的同事应该怎么改进研发、改进生产。

敏锐的市场嗅觉

首席视频官要敏锐地意识到，新技术的发布、新标准的出台、新政策的实施，对于企业的营销意味着什么。是不是能够更大程度上压缩从获客到转化的购买路径？是不是那些打擦边球的视频内容会被禁止推荐给更广泛的用户？是不是某些营销行为会有可能侵犯用户的数据隐私？

首席视频官要敏锐地发觉，刚刚发生的某一事件，将在未来三到五小时发酵成为网络中的一个舆论热点，他的团队必须能够以最快的时间针对这一热点事件进行借势营销，而且他们必须马上放下手中的所有工作，并尽可能整合更有价值的内外部资源，完成这一借势动作，哪怕当时自己是在度假。

首席视频官还要敏锐地监控着竞争对手的一举一动，老伙计的微博上一秒更新了什么动态？竞品的电商旗舰店为什么忽然把价格下调了20%？昨天的消费者危机事件爆出来之后他们怎么还不发声？要不要在我们的视频内容中利用这个话题乘胜追击？……

也就是说，首席视频官要眼观六路耳听八方，夸张地说，甚至连睡觉的时候都应该睁着一只眼睛看着手机屏幕上的最新动态。

清晰的工作目标

首席视频官还要足够理性，不被各种浮云般的办公室政治所干扰，不被团队或者同事的各种抱怨所影响，不被竞争对手眼花缭乱的营销动作所迷惑，自始至终地以业绩增长为自己工作的根本目标和最终导向。

除了增长，首席视频官没有其他目标。但是在营销的世界里，增长也分为各种各样的增长，如图 8–6 所示。因此，首席视频官要与他的上司和团队一起，清晰明了地确定他们的增长目标究竟是什么。

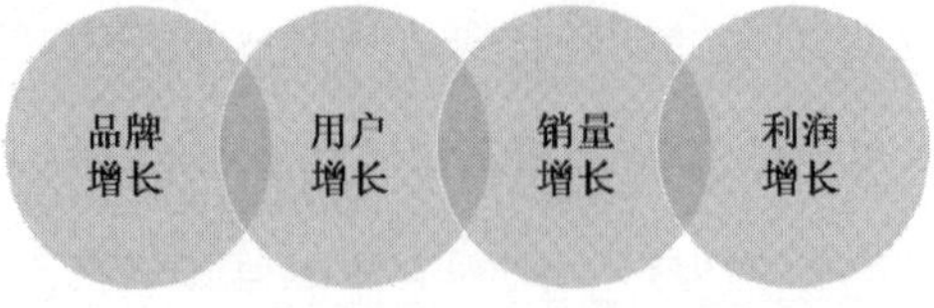

图 8–6　几种不同的增长类型

1．品牌增长：提升知名度、美誉度、用户的忠诚度，但是这种所谓的“度”究竟是用什么来度量，却是模糊的，因此首席视频官必须拿出可量化的指标来界定品牌的增长，无论这个指标是点击量还是转发量，或者其他量。

2．用户增长：投入多少预算？在什么样的时间周期内？增长多少用户？无效的用户还是有效的用户？什么是有效的用户？……这些也要有一个明确的规定。

3．销量增长：是企业所有产品的销售数量吗？还是企业某一具体产品的销售数量？或者不是销售数量，而是销售额？是电商的销售额，还是从视频导流到特定电商的销售额？

4．利润增长：有的时候销量上去了，并不意味着利润也能跟着上去，因为增长团队可能是在赔本赚吆喝。因此，首席视频官在一定程度上还要对利润负责。但是他对利润应该负有多大程度上的责任，是要根据每个企业的实际情况来讨论的。

艺术范儿与技术范儿

这倒不是要求首席视频官要像艺术家那样留着长头发或者长胡子，也不是要求首席视频官要像程序员那样看见一串代码就兴奋。而是说，他应该具备一定的故事理解能力，同时还要对最新的前沿技术感兴趣。

他不需要成为一名编剧，但他需要理解为什么这段视频要讲述这样一个故事；他不需要成为一名摄像师，但他需要理解构图的艺术和剪辑的手法；他也不需要精通数据挖掘技术或者算法推荐系统，但他需要理解数据的价值，以及他能够站在数据的金矿上捕捉到他想要的目标用户。

因为他是视频团队的决策者，所以他就必须是一个杂家，是一个复合型人才，是艺术与技术兼容、理性与感性兼具的这样一个增长型、开拓型和创新型的人才。

CVO

第9章

迈向5G时代，拥抱视频与营销的大变革

2019 年被认为是 5G 元年，尽管在这短短的一年之中，5G 技术开始商用并不会给媒体、营销和产业带来狂风暴雨式的洗劫，但是我们必须深刻地意识到一个现实：5G 技术已经开始悄然改写传媒娱乐业及越来越多商业领域的基本逻辑。

那些真正影响历史的技术和观念都不是一蹴而就完成其使命的，但正如网络上流行的那句话一样：时代抛弃你有时候连声招呼都不打。

随着 5G 大幕的徐徐拉开，我们每个人的生活方式、工作方式、成长方式和营利方式都会发生巨大的变化，而这些变化归根结底还是因为我们在这本书的开头就强调的：视频将会成为 5G 时代最主要的信息产品形态、社交互动形态和娱乐休闲形态。

这是一个毋庸置疑的事实，而不是一种假想。

世界是“屏”的

5G时代的一个显著特征就是万物互联。任何设备都可以接入超级物联网，这也就意味着任何设备都具备了信息采集、存储、展示和传播的媒体属性。

而且，越来越多的设备正在被安装上智能屏幕，除了电视机、电脑、手机等媒介终端，安装在汽车上的屏幕也已经越来越智能，有越来越多的功能，安装在电冰箱、洗衣机上的屏幕也越来越贴心、越来越人性化，还有各类居家机器人的交互界面、城市公共空间中的各种电子显示设备、日常生活各类场景下的信息展示平台等，我们已经身处被屏幕包围的世界而浑然不觉……

试想，如果有一天——

你进到一家餐厅，就餐的桌面就是一块屏幕；

你进到一家理发馆，坐下来面对的镜子就是一块屏幕；

你进到一间教室，里面的黑板和课桌都是一块块屏幕；

你进到一间酒店的客房，发现床头、洗手间、办公桌等各种可能用到的地方都安装了一块屏幕……

这一天并不遥远。越来越多的设备将会在5G时代被屏幕赋能，它们能够通过屏幕与用户进行交互，为用户服务。

用户最喜欢视频

有很多年龄稍长一点的人经常会感叹说，现在的年轻人都不喜欢读书了。

是的，有两个方面的原因：一是有些书实在太晦涩难懂，二是年轻人改变了自己学习的方式。

晦涩难懂的书本来就不适合所有年轻人阅读；而对于那些科普或者畅销类的图书，很多年轻人选择在喜马拉雅或者得到上面，通过音频的形式来“听书”了。

相比起白纸黑字的阅读，通过手机获取知识的方式更快捷、更轻便、更易于理解，也更符合现在很多用户的学习习惯。

典型的如薛兆丰的经济学课，大量年轻用户是先听了音频课程之后，才对经济学产生了兴趣，然后又在京东上购买了相应的图书。

由此我们可以推想，5G 时代的用户学习将会以视频学习为主，而不是音频或者文字。因为比起音频来，用视频形式传播的知识更通俗化、更浅显易懂、更声情并茂、更接地气儿，学习就好像跟坐在对面的人聊天一样，甚至你可以直接与他对话。

这也就是电视机依然是影响最广泛的媒体、抖音和快手能够迅速在三线以下的城市和广大农村“跑马圈地”的主要原因，它们简单、直白、生动，对识字能力和逻辑思考的能力没有过高要求。

这时候有人会觉得：视频内容的普及不就意味着它把我们大家都变浅薄了吗？

恰恰相反，它把我们大家都变得更深刻了。

回想一下，在知识用文言文传承的年代，真正深刻的只有那么一小撮精英统治阶层，绝大多数的平民百姓连大字都不认识，还谈什么深刻呢；但到了知识用白话文传承的时候，是不是有机会读书和有能力思考社会问题的新青年变多了？

为什么？因为借助于白话文这种媒介，一般性的知识和思想更容易在更广泛的人群中传播。

并不是每个人都必须成为亚里士多德或者柏拉图这样的思想家才算深刻，而是他可以思考比之前更深一个层次的问题，就可以算是思维或者思想上的进步了。

那么同样的道理，音频也好，视频也好，它并没有把原来那些思想深刻的人变浅薄了，因为喜欢读书的人依然在读书。而且，不喜欢读书的人，也开始喜欢读书了。

为什么？因为音频或者视频等学习方式，把这本书的知识通俗地传播给他了，但他觉得不过瘾，这就激发了他读原著的兴趣。就好比普通大众多是因为看了《西游记》的电视剧才去读吴承恩的书，而不是恰恰相反。

视频类的知识带来的一个最主要的变化就是，它扩大了知识传播的广度，而不是精英们经常抱怨的它降低了知识本身的深度。因为深度这件事儿，本来就不是视频应该承担的责任。

所以，如果你让全体用户来投票，那么视频一定是最受欢迎的形态；

但是如果你让精英来投票，他们却很可能会把这个社会的浅薄化归咎于视频。

为什么？因为在视频不发达的年代，他们压根看不见那些浅薄的人群；但在视频繁荣的今天，那些浅薄的人群在一点点变深刻的时候，却被他们批判得一无是处。

为什么我们泛娱乐化了

坦白来说，还是因为用户参与的机会越来越多了，用户越来越“有闲”了。

在过去，一家报纸的记者，如果写的稿子过于娱乐化，这篇稿子就直接被编辑“毙掉”了；电视台的节目，如果有哪些言论低俗或者失当，这些言论也会直接被后期剪掉。也就是有一个“把关人”的角色，这个把关人会过滤这些内容。

今天的用户，可以随手拍摄一段短视频就发到他自己的朋友圈了，或者上传到抖音上去了。很多视频平台的审核并不严格，甚至有些审核形同虚设，于是你就会发现很多人开始拼命比谁的下限更低，谁的内容更娱乐。

当越来越多的机械化设备和人工智能工具把劳动力从农业、建筑业、制造业甚至服务业释放出来之后，用户可以参与网络内容消费和生产的时间就更多了。这一点，我在《智能红利》那本书中有着更详细的阐释。

被释放出来的大量自由时间，越来越便捷、易操作的视频制作技术，再加上可供快速上传、下载的网络技术，都催化了近几年自媒体和短视频的繁荣。

而娱乐化的内容，恰恰是最受用户欢迎，同时也是门槛最低的内容。因此，我们就会看到应接不暇的粗制滥造、毫无营养、唯流量是图的视频内容被生产出来。

但请记住，这是一个过程，却不是一个结果。

最终的视频生态一定不会是今天我们所看到的这样。

随着政策监管趋于严格，平台规则不断完善，以及用户需求回归理性，无论是长视频内容还是短视频内容，无论是知识类的视频内容还是娱乐类的视频内容，都会回归到它的生存之本，那就是内容为王。

只有好的内容，以及好的内容生产者，才会在大浪淘沙般的市场竞争中生存下来。

因为监管层面、平台层面和用户层面，都需要真正有价值、有意义、有正能量、有好口碑的视频内容。

所以，请不要被眼前的视频生态乱象蒙蔽了双眼。

短视频是有未来的，并不代表今天大红大紫的这些主播就是有未来的；视频产品是有未来的，并不意味着今天在灰色地带能赚到钱的视频产品明天还能有生存空间。

静下心来，好好做你的视频内容。

视频营销的未来

既然优质的视频内容将是 5G 时代移动互联网世界的流量入口，那么对于营销者而言，你要做的无非是以下两点。

其一，识别优质内容，绑定优质内容；

其二，打造优质内容，激活优质内容。

当然，并不是优质的内容成功了，就意味着你的营销一定会成功。在 5G 时代，将营销与内容结合的时候，你必须深刻理解这样一些事实。

1．改变这个世界的除了科技，就是故事；改变用户想法的，也一样。

2．营销在本质上是服务用户，为用户在特定场景中的痛点提供解决方案。

3．分享即获取，流行即流量，用户主动分享的视频才是成功的视频。

4．好的营销基础是情感的连接和价值观的共鸣，用户因为喜爱你才喜爱你的产品。

5．不是让用户需要你，而是让用户想要你。

6．数据的价值在于不断地改变和优化你与用户之间的连接方式，提升产品与用户之间的匹配效率和精准程度。

7．体验细节是视频成为电商入口的关键所在，要做到让用户顺其自然地就把产品放进了购物车里。

5G时代，营销就是忘掉生意、忘掉业绩，重新思考你和粉丝之间的关系。

5G时代，当你从视频内容的视角重新思考企业、品牌、产品与用户之间关系的时候，你的营销逻辑也就会随之发生根本性的变化。

5G时代，内容即营销，视频即入口，场景即连接，所见即所得。

反侵权盗版声明